La Condition des Ouvriers

LETTRE OUVERTE AU PAPE LÉON XIII

par HENRY GEORGE

TRADUIT DE L'ANGLAIS PAR G. P.

avec préface du traducteur

P. 1,50

L. ROBIN, Libraire-Éditeur

BORDEAUX. — 17, Rue Vital-Carles.

La Condition des Ouvriers

LETTRE OUVERTE AU PAPE LÉON XIII

PAR HENRY GEORGE

TRADUIT DE L'ANGLAIS PAR G. P.

avec préface du traducteur

Prix : 1,50

L. ROBIN, Libraire-Éditeur

BORDEAUX. — 17, Rue Vital-Carles.

PRÉFACE

Je dédie la traduction de ce livre à tous les hommes de bonne volonté. Je la dédie à tous, aux bons et aux mauvais, aux doux et aux simples de cœur comme aux petits féroces, aux croyants et aux sceptiques.

« Ne jugez pas, a-t-il été dit, afin que vous ne soyez pas jugés. »

Le livre dont nous présentons la traduction au public est un livre de foi, de sincérité, de charité. C'est un livre chrétien, — chrétien sans épithète. — Dans notre vieux et noble pays de France, il appartient à tous.

Car, que nous le voulions ou non, ne sommes-nous pas tous chrétiens? Être chrétien ce n'est pas appartenir à telle ou telle confession, observer telle ou telle pratique; c'est être *brave homme*, c'est, pour parler le naïf langage de nos mères, savoir que « les hommes ne sont pas des chiens »; c'est avoir le respect de soi et le respect des autres, et le plus possible ne pas séparer son sort de leur propre sort. C'est, quand ils peinent et souffrent, être prêt à peiner et à souffrir avec eux. Aux époques comme la notre, où se posent les plus graves problèmes, où les sociétés sont intérieurement rongées par un mal étrange dont le siège et la nature déroutent l'investigation, c'est, quand on a une supériorité quelconque, d'intelligence ou de situation, se sentir obligé de mettre tout son soin et tout son effort à porter le diagnostic du mal pour trouver le remède.

Nous sommes tous chrétiens, et ce livre, écrit par l'auteur moins encore avec son esprit qu'avec son cœur, nous est à tous indistinctement destiné.

On ne s'étonnera pas, dans ces pages enflammées, de voir revenir à chaque ligne, presque à satiété, le nom de Dieu. Ce nom que la légèreté seule et l'ignorance tournent en dérision, qu'est-ce autre chose, ne l'oublions pas, que le nom, — un nom consacré par les siècles — des bons instincts, des instincts de bienveillance, de pitié, de dévouement de l'homme.

* *

Quelles que soient nos dispositions d'esprit, à la lecture de ces pages, gardons-nous donc de rire ou même de sourire. On ne sourit pas de ce qui est sain, de ce qui est franc, de ce qui, dans la lutte, est une condition de force et de succès. On n'aurait pas le beau rôle à sourire de l'intelligence ou du génie.

Or, l'auteur de la « *Réponse à l'Encyclique du Pape*, » l'auteur de « *Progrès et Pauvreté*, » de « *Protection et Libre Échange*, » n'est pas qu'un agitateur de second ordre, qu'un simple homme de talent. Tout concorde à trahir en lui un de ces entraîneurs de peuples qui agissent pour tous et par qui se fait l'histoire. Ses livres sont actuellement répandus dans les pays de langue anglaise à des millions d'exemplaires. 68.000 voix ont failli, aux élections de 1886, le porter à la mairie de la grande cité de New-York. Un moment on a pu croire, aux élections de

1888, qu'il allait poser sa candidature à la Présidence. Et son rôle, avec sa notoriété aujourd'hui pleinement affirmée en Angleterre, plus que commençante en Allemagne, en Italie, en France, semble devoir ne faire que grandir chaque jour.

Avec le présent livre, le voilà aujourd'hui respectueux conseiller de l'institution la plus vieille et la plus auguste qui soit au monde, plaidant la cause de l'avenir et du peuple auprès du représentant de la tradition et du chef des fidèles. N'est-ce pas un spectacle unique et bien digne d'attirer l'attention et le respect de tous?

Le juge, sur son tribunal, a pour éclairer sa religion ses assesseurs ou ses conseillers. Le Pape, juge de la chrétienté, forcé de juger pour prévenir les discussions passionnées et les haines, pour couper court aux divisions et aux schismes, a ses théologiens. Dans la conquête du vrai, le génie doit lui aussi avoir sa part glorieuse, servant à éclairer la conscience du juge et à fonder le règne définitif de la paix.

∴

La position prise par Henry Guyot et la nature de ses plus vives critiques de l'Encyclique papale ne manquent pas d'originalité. La grande erreur du Pape, pour lui, c'est d'être plus qu'à demi socialiste, d'admettre la légitimité de l'intervention de l'État dans la fixation des rapports entre le capital et le travail. Ce n'est pas par voie d'intervention législative qu'on parviendra à assurer au travail un *juste* salaire. Du libre jeu des forces économiques seul on est en droit d'attendre le redressement des torts, la suppression des injustices, l'harmonie vraie de la société. L'action de l'État se trouve réduite à son minimum, la Bureaucratie et le Fonctionnarisme sont dénoncés comme des fléaux engendrant la corruption, développant l'esprit de mensonge et de platitude; comme entravant la production; propres enfin à consommer irrémédiablement la dépendance et l'esclavage des classes inférieures. Rien de ce que peut l'initiative privée, ne doit faire l'objet d'une entreprise d'État.

Ne croirait-on pas entendre le plus farouche partisan du « laissez faire? » M. Lamy et M. Ferrand protestant contre notre tendance au monopole économique et à la centralisation, réclamant pour l'individu seul le privilège de fixer librement la base de ses rapports avec ses semblables, tiendraient-ils un autre langage?

Il ne faudrait pourtant pas s'y tromper. Proudhon lui aussi écrivait en 1849 dans son « *Organisation du Crédit et de la Circulation et Solution du problème social,* » : « Le travail est synonyme de liberté individuelle; sauf la justice de l'échange, la liberté du travail doit être absolue. Les gouvernements n'existent que pour protéger le travail libre, non pour le réglementer et le restreindre. Quand vous parlez d'organiser le travail, c'est comme si vous proposiez de crever les yeux à la liberté. » Or H. George a soin de nous prévenir lui-même dans la Préface de son livre « *Progrès et Pauvreté* » que ce qu'il a fait dans son livre, c'est « d'unir la vérité perçue par l'École de Smith et de Ricardo à la vérité perçue par l'École de Proudhon. » « J'ai simplement montré, dit-il encore, que le laissez faire avec sa véritable et complète signification ouvre la voie à la réalisation des nobles rêves du socialisme. »

S'il existe entre l'économiste américain et nos conservateurs libéraux des points de contact et des ressemblances, les divergences doivent être sans doute plus nombreuses et plus importantes encore.

Quels sont les principes communs? — On peut les ramener tous à ceci : la commune acceptation d'une même loi morale, la loi morale chrétienne. Aucune équivoque possible. « Ce que j'ai fait, dit Henry George, c'est d'identifier la loi sociale avec la loi morale. » Cette loi morale c'est le Décalogue que n'est point venu abolir mais accomplir le Christ, le Décalogue de Le Play, de Lamy, le Décalogue de la Tradition, dont la stricte moralité sexuelle, la conception du mariage rigoureusement monogamique constitue un des points les plus nettement en opposition avec le courant des mœurs modernes.

La loi morale ne varie-t-elle pas au gré des philosophies? Y a-t-il une loi morale supérieure aux faits, immuable et absolue? Pour H. George ces questions ne se posent pas. Nous sommes la civilisation chrétienne; et cela lui suffit.

De même pour la grande loi de l'efficacité supérieure de l'intérêt personnel, perçue par l'École de Smith et de Ricardo, qui pourrait douter quelle soit incontestablement la plus propre à stimuler la production et à servir de base la plus ferme aux transactions entre les hommes?

Comment George se sépare-t-il des conservateurs libéraux?

La façon dont H. George comprend la loi morale n'est pas tout à fait celle dont ces derniers la comprennent. La loi morale de George tout en étant la loi traditionnelle est un approfondissement de cette loi. Elle reste bien un précepte moral, une injonction à la conscience individuelle : « Tu ne voleras point. » Mais de même qu'on ne peut, dans la nouvelle loi, sans commettre d'adultère, répudier sa femme pour en prendre une autre, de même le : « Tu ne voleras point » voit sa signification se préciser et sa sphère d'application s'étendre. La loi *morale* devient loi *sociale;* « la loi sociale se trouve identifiée avec la loi morale. » Et dès lors il n'y a plus lieu de s'étonner que, parti des principes de Smith et de Ricardo, s'inspirant de la même méthode, H. George aboutisse en fait à de toutes autres conclusions.

Précisons :

Avec la tradition, avec le Saint-Père, George dit : « Tout ce qui est du fait de l'homme, tout ce qui est l'œuvre de ses mains, appartient rigoureusement à l'homme; mais cela seul qui est de son fait et l'œuvre de ses mains. Que s'il était une valeur que l'individu ne pût manifestement revendiquer comme sienne et qu'il s'appropriât, ne serait-ce pas une flagrante injustice, une grande immoralité?

Eh bien, il y a une valeur qui n'est le produit, la création de personne. C'est la valeur foncière. Prenons la naissance d'une cité nouvelle; avant hier village, bourgade; bourg hier; aujourd'hui cité. Que se passe-t-il? le sol stérile et malsain qui se vendait 5 fr. ou 6 fr. l'are vaut aujourd'hui 20, 40, 100 fr. le mètre carré. D'où lui vient cette valeur nouvelle?

d'où soudainement ces propriétés merveilleuses?
Quel est l'auteur de cette tranformation? Ce n'est
pas le propriétaire, c'est la société, le simple fait de
l'agglomération des habitants. Et le moyen de cette
transformation, c'est la *Rente*. Par cela même qu'un
nombre plus considérable d'hommes se sont assem-
blés sur ce point, il s'est comme révélé dans chaque
emplacement du lieu des convenances inconnues, des
avantages de situation dont chacun a voulu jouir et
qu'on s'est disputés en offrant une redevance de plus
en plus élevée.

Cette redevance c'est la rente, signe de la valeur
nouvelle de la terre. Et cette valeur nouvelle est
évidemment l'œuvre non de l'individu mais de la
société. Est-il juste que l'individu jouisse de cette
rente, soit le propriétaire de cette valeur?

La morale veut que cette valeur revienne à son
auteur, à la société qui la crée.

Or cette valeur a ceci de particulier, que c'est une
valeur essentiellement variable, susceptible d'un
accroissement sans fin. La rente en effet, signe de la
valeur et qui représente ce surplus de produit dû à
certains avantages particuliers, croît avec la productivité du travail lui-même, c'est-à-dire avec le progrès
technique, en dernière analyse avec l'accroissement
de la population.

La société, au fur et à mesure qu'elle se développe,
crée donc elle-même la valeur naturellement affec-
table à la satisfaction des besoins communs. Au début,
quand l'État est né à peine, cette valeur sociale n'existe pas. Dans nos sociétés civilisées, elle se présente
tout juste aussi développée, aussi considérable que
les besoins même de l'État.

La grande erreur des sociétés actuelles, qui en est en même temps la grande injustice, c'est de ne pas prendre ces valeurs sociales pour la société. La production, du coup débarrassée des entraves de toute sorte qui la gênent : monopoles, surveillance de l'État, impôts multiples sur chacun de ses procédés, prendrait un essor inconnu, également profitable au capital et au travail. Les résultats auxquels aboutirait l'Économie libérale seraient des résultats diamétralement opposés à ceux d'aujourd'hui.

Qu'arrive-t-il avec la main-mise de l'individu sur les valeurs sociales ?

Toutes les terres ayant une valeur sociale ou étant susceptibles d'en avoir, toutes se trouvent accaparées, même celles qui ne sont pas présentement utilisées ou même utilisables. Pas un recoin où la spéculation ne flaire une rente à percevoir dans le présent ou dans l'avenir ; pas un recoin où elle ne mette sa main-mise. La terre, ce don de Dieu à tous les hommes, devient la propriété de quelques-uns, et la grande multitude est esclave et dépendante.

En détenant tout le sol, on détient les moyens d'existence de tous. Le travail humain ne s'exerçant pas à vide et ne consistant jamais qu'à donner à la matière première un ajustement nouveau, il est trop évident que le producteur se trouve dans la plus étroite dépendance du détenteur des agents naturels de production.

Là est le nœud de la question et le principe des misères de l'heure présente.

Qui est-ce qui rançonne le travail ? Le propriétaire foncier qui rançonne en même temps le *Capital.*

Le propriétaire foncier qui possède l'emplacement des villes, qui possède les mines avec leurs richesses enfouies dans les profondeurs du sol, qui possède les champs, qui possédant tout peut empêcher le travail ou prélever ce qu'il lui plaît de son produit.

Par son fait, la rente est tellement faussée qu'on peut dire, en vérité, que ce n'est pas une vraie rente. Il y a rente faussée, artificielle, excessive, il y a extorsion.

Avec le retour à la société des valeurs sociales, rien de tel n'est possible. La rente suit son cours normal; elle atteint sans la dépasser sa valeur vraie, et le travail et le capital perçoivent rigoureusement la part du produit qui leur revient.

C'est qu'en effet, l'accaparement du sol est impossible. La rente revenant à la Société, personne n'a intérêt à détenir plus d'étendue de terre ou d'agents naturels qu'il ne peut en utiliser. Il devrait payer pour le sol improductif entre ses mains la même rente que pour le sol utilisé. Les terres de valeur inférieure, les agents naturels les moins facilement utilisables, restent pour une rente insignifiante — ou sans rente — à la libre disposition de tous. Le problème de procurer du travail à tous se trouve de la sorte résolu tout naturellement et sans complication.

En même temps apparaît dans toute sa netteté la vérité, à demi entrevue par l'Économie orthodoxe, du caractère harmonique de la production, et qu'il n'y a pas, comme on le croit, opposition et conflit d'intérêts entre le capital et le travail,

Comment celà ? La question revient à se demander lequel des deux du capital ou du travail a le plus besoin de l'autre. Aujourd'hui, avec l'accaparement des agents naturels, c'est le travail qui a absolument besoin du capital.

Avec le retour des valeurs sociales à la Société et le fonctionnement normal de la rente, c'est le capital qui a besoin du travail pour fructifier, alors qu'à la rigueur le travail n'a pas besoin du capital pour vivre. Le capital représente l'élément passif de la production. Son rôle est d'accroître l'efficacité du travail. Sans le travail, il est quelque chose de mort et de sans valeur. L'intérêt est une sorte de rente que le travail paie pour l'usage d'instruments qui le rendent plus efficace. Mais comme le capital est susceptible d'accroissement indéfini, c'est plutôt le capital qui court, ou normalement devrait courir après le travail.

Il n'est pas vrai, comme l'économie libérale l'enseigne, que le salaire soit prélevé sur le capital, que le capital fasse les avances au travail jusqu'à la vente du produit, à sa réalisation en espèces. Il n'est pas vrai que ce soit le travail passé qui entretienne le travail présent. Par l'effet de la solidarité sociale et de la division du travail, le travail, au fur et à mesure qu'il s'accomplit, crée les éléments de son propre entretien. C'est de lui-même, de son propre produit que vit le travail, non indirectement et après réalisation de ce produit en espèces, mais immédiatement et sans qu'il soit besoin pour lui de passer par les exigences de la Royauté de l'or. Pendant que l'ouvrier cordonnier fait des chaussures pour les autres, d'autres font venir du pain pour lui. Cette corrélation n'existe-t-elle qu'accidentellement, au terme de la série,

lorsque les chaussures et le blé ont été convertis en
argent, ou faut-t-il y voir une condition essentielle,
si je puis dire organique de la production? S'il est vrai
que faire des souliers, pour le cordonnier, c'est tout
comme faire venir son propre blé lui-même, il est
faux de prétendre que le capital fasse des avances au
travail. C'est l'ouvrier, c'est le travail qui fait des
avances au capital, puisqu'il n'est payé qu'à certaines époques, lorsqu'il a déjà réalisé une quantité de
produits.

Le capital ne fait qu'accroître la productivité du
travail.

Il y a entre eux accord fondamental, identité d'intérêt.

C'est entre les détenteurs des agents naturels d'une
part et de l'autre le capital et le travail que l'antagonisme existe. Et cet antagonisme, la reprise par la
société de toutes les valeurs sociales y met fin.

Cette rectification des principes fondamentaux de
l'Économie libérale a encore cette conséquence des
plus grosses : la nécessité d'une politique extérieure
résolument libre échangiste : mais je passe.

.˙.

Par ce que je viens de dire on jugera que l'Écono
miste américain apporte à la science quelque chose
de nouveau. Cette économie, à la fois résolument traditionnelle et révolutionnaire, libérale et radicale, profondément chrétienne et novatrice, ne saurait passer
inaperçue, pas plus des classes cultivées que des
classes populaires,

Pour toutes les intelligences sincères qui sentent la gravité de l'heure présente, pour tous les « cultivés » qui ne se résignent pas à assister impassibles aux choses ou à jouer le rôle de garde-chiourmes ou d'instruments de domination d'une classe, pour tous les hommes de bonne volonté auxquels j'ai fait appel au début de cette préface, l'œuvre d'Henry George sera matière à sérieuse réflexion. On comprendra que j'aie tenu à donner au public, même après la traduction de « *Progrès et Pauvreté* », de « *Protection et Libre Échange* », cette « *Lettre ouverte au Pape,* » cet écrit court et vif, où se trouvent condensées, sous une forme particulièrement éloquente et nette, les doctrines fondamentales, et comme la *substantifique moëlle* de l'Économie d'Henry George.

Des voix tombant de si haut ont le droit de se faire entendre. Nos compatriotes, les Français de France, tous les chrétiens conscients et inconscients secoueront leur apathie et tâcheront d'avoir des oreilles pour écouter. Ceux qui ont lu l'Encyclique voudront lire la « *Réponse à l'Encyclique.* » Ceux qui ne l'ont pas lue voudront lire l'une et l'autre. Car le débat est loin d'être clos. La Papauté, régénérée au souffle des aspirations populaires, ne s'en tiendra pas, Henry George a raison, à son demi-socialisme, au socialisme d'État, oppressif et corrupteur. Elle ira plus loin dans sa marche vers la Justice. Léon XIII ne vient-il pas de rendre à sa chaire le curé Mac Glynn, frappé d'interdiction par l'archevêque de New-York, pour avoir défendu à côté d'Henry George la doctrine du retour à la société des valeurs sociales et de l'impôt unique ?

Le chef de la chrétienté se rend compte que là, et là seulement, est la voie pour résoudre la redoutable question des rapports de l'Église et de l'État, si pleine d'obscurités et de contradictions.

Plus que jamais, l'Individu a besoin de liberté, et plus que jamais l'État a besoin, pour sauvegarder le droit de chacun contre l'oppression du fort, d'exercer sur l'activité de tous une surveillance et un contrôle. Le progrès social développe et consacre une *aristocratie* de l'individu, qui lui fait un besoin de la pleine indépendance de sa pensée, de la faculté de donner corps le plus possible à son rêve; tandis que la société, obligée d'assurer le respect du droit, c'est-à-dire l'égalité de tous, ne peut que voir avec défiance cette floraison d'individualité. L'opposition, le conflit vivace de l'Église et de l'État n'a pas d'autre signification.

L'individu pourra-t-il par la liberté des « fondations » étendre son éphémère existence par delà la mort? Son amour, son dévouement, incorporés dans les choses, subsisteront-ils après lui, continuant pour lui le bon combat, ou bien la société le confinera-t-elle brutalement dans le cercle borné de sa vie corporelle? L'homme n'est-il qu'un individu dans le tas, un bulletin dans l'urne du vote, ou bien même dans nos démocraties, un homme à de certains points de vue vaut-il mieux et peut-il plus qu'un autre? — Voilà la question; et cette question n'est pas autre que celle-ci : Par delà et au-dessus de l'État y a-t-il place pour l'Église? La « fondation », cette pensée, cette foi de l'individu mort restée vivante et agissante, doit-elle être au regard de nos législations modernes chose sacrée ou non?

Avec l'organisation sociale actuelle, la « *fonda-tion* » est par essence oppressive. Sacrifiant aux générations présentes les générations futures, dont le droit ne lui importe pas du tout, douée d'une incalculable puissance d'absorption, elle tend à faire, pour ceux qui viendront après, un vain mot du libre arbitre, — ce droit primordial pour tous de choisir en toute liberté entre les voies qui s'offrent. Nos démocraties ont raison dans leur défiance et leur injustice. Elles ne peuvent pas faire autrement que de proscrire la liberté des fondations et de faire dépendre du bon plaisir de l'État l'existence et la capacité des personnes morales.

La question devient tout autre dès que le retour à la société des valeurs sociales sauvegarde le droit des générations à venir. L'apparition de personnalités juridiques d'une nature idéale, reposant tout entières sur une vue de l'intelligence ou un élan du cœur, au lieu d'être une menace n'est qu'un élargissement de la vie. C'est un ordre de créations venant se surajouter aux autres inférieurs, plus grossiers et plus restreints. Le capital qui sert comme de matière à la fondation a perdu sa malfaisance. Ce n'est plus qu'un instrument d'émancipation servant à l'homme à affirmer de plus en plus son indépendance de la matière et le rôle croissant dans les cercles élevés de la vie de l'élément moral et immatériel.

Ainsi l'inconciliable se trouve concilié : l'Église libre dans l'État libre. Le droit de tous est sauvegardé ! — Avec l'organisation sociale présente et le droit pour les hommes d'une génération de disposer à jamais des sources naturelles de la richesse, on a forcément l'Église opprimée dans l'état oppresseur ou l'Église dominatrice et oppressive sur l'État opprimé.

.·.

Un mot pour finir, un mot aux collectivistes. Que mon langage et que mon œuvre ne les irrite pas. Tous nous cherchons la vérité, et la première règle de ceux qui cherchent, c'est de ne pas avoir peur de l'idée et d'aller à elle où qu'elle s'offre. Quand un homme entre dans la mêlée, marqué de la Royauté de l'intelligence et en même temps de la conviction de l'apôtre, il ne nous est pas loisible de fermer les yeux et de nous boucher les oreilles.

Cela d'autant moins qu'autrefois, sous une forme quelque peu autre, il nous est déjà revenu par la voix de Proudhon quelque chose de ces doctrines libérales et anarchiques. Encore à l'heure présente ne reste-t-il rien de cette fermentation ancienne? Morès avec son crédit à tous, Drumont avec son démocratisme catholique et ligueur, sa haine du Juif, c'est-à-dire de l'argent accapareur et canaille; cette foule d'autres dont les aspirations confuses vont à un libre régime où l'individu s'épanouira largement, débarrassé du parasitisme cupide de la finance, du parasitisme oppressif et gênant de l'État, qu'est-ce autre chose, au fond?

Que poursuivez-vous vous-mêmes avec une méthode et des habitudes d'esprit différentes?

Voudriez-vous, comme vos ennemis intéressés vous

on attribuent le noir dessein, étouffer l'individu sous
le poids d'une réglementation à outrance?

Trois fois sotte accusation ! — « A chacun suivant ses
œuvres, à chaque travailleur le produit intégral de
son travail » : voilà vos formules, les formules du
maître, Marx.

Proudhon et George de leur côté vous répondent :
l'Individu! l'épanouissement des forces individuelles,
l'appropriation par l'individu de tout ce que l'individu produit!

Sur un point seul leur langage et celui de Marx
diffèrent. Marx dit : La détermination de la valeur
du travail individuel, affaire de science. Mais cette
science n'existe pas, il faut la faire. Et il jette les
fondements de cette pénible, difficile, fuyante — et
pourtant capitale et indispensable — théorie de la
notion de la valeur.

Les derniers objectent : difficile tâche, bien com-
plexe et bien dangereuse. Cette science de la valeur,
qui la créera? Qui mesurera la valeur du produit?
Qui tiendra compte comme il convient des fluctua-
tions incessantes de la vie et de l'économie sociale?
— Les Savants? — Quels? — Comment recrutés? —
Et maintenant aussi vous avez vos diplômes, vos
Académies, vos patentés et vos décorés. A quoi tout
cela sert-il? A distribuer des prix de sagesse intellectuelle et de vertu..... écrite. Vous avez foi en la
science. — Hommes excellents !

Beaucoup plus simplement nous croyons que l'individu travaille pour jouir, et qu'il n'est aucunement
disposé, quand il peut faire autrement, à laisser un
autre jouir du fruit de son labeur. Donnez-lui des
armes pour se défendre contre l'exploitation et soyez

sûrs que ses droits seront au mieux défendus par lui.
Aujourd'hui par le fait de la monopolisation du sol,
il se trouve si je puis dire esclave né, dès le principe
impuissant et paralysé.

Que, grâce au retour à la société des valeurs sociales, l'individu trouve l'avance de sa quote-part du
fonds social ; que sur ce fonds la société, à défaut de
ses protecteurs naturels, le nourrisse, l'élève non
comme une marâtre mais comme une mère, l'arme
pour la lutte comme il convient : vous ne serez pas
loin d'avoir résolu le problème.

Voilà ce que répondent les anarchistes à la façon
de Proudhon et de George.

En fait leur *fonds social* diffère-t-il tant que cela
de cette part du *produit collectif* que le collecti-
visme prélève pour les grands services sociaux? Le
prélèvement se fait ici au terme de la production,
sur le produit total. Il apparaît chez George comme
une condition préalable de l'établissement de l'entreprise. La valeur est, si l'on veut, prélevée sous
forme de rente, avant que d'être produite.

La seule différence sérieuse, c'est chez H. George
des rouages supprimés, des fonctionnaires, en moins.
Dans la société comme dans le corps humain, au lieu
du travail conscient qui s'accomplit avec hésitation
et trouble, on a le jeu infaillible de l'habitude et de
l'instinct. Le mandarinat collectiviste, aussi corrompu et despotique peut-être que toutes les aristo-
craties du passé, devient inutile et impossible ; et se
trouve ainsi écarté à jamais le danger constant de
voir l'organisation collectiviste dégénérer en socialisme d'État.

Je le sais; théoriquement la démocratie socialiste

est résolument anarchiste. Faire de la volonte de tous la source de la loi, retremper à chaque instant le pouvoir dans la libre consultation du corps élec-toral, identifier le plus possible les gouvernants et les gouvernés, c'est réduire le commandement à sa plus simple expression et ne laisser subsister d'ad-ministration que juste ce qu'il faut pour la vie écono-mique du pays.

Mais, à côté de la théorie, il y a les faits et la pra-tique. — Qu'avons-nous sous les yeux? Le droit politique faussé, l'hypocrisie, les hontes du présent, les autorités démocratiques confisquées et fonction-nant contre le grand nombre dans l'intérêt de quel-ques-uns; — le corps électoral se dégoûtant de l'exercice d'un pouvoir dont il ne sait que faire et qu'il voit se retourner contre lui.

Qui oserait se porter garant de l'avenir? Qui oserait dire chimérique le danger d'un développe-ment parasite des fonctions directrices et adminis-tratives rétablissant insensiblement le pouvoir qui s'exerce pour lui et substituant au *socialisme anar-chique* je ne sais quel socialisme autoritaire, quelque louche socialisme d'État, de toutes les organisations sociales peut-être la pire?

.·.

L'expérience a été faite. Du IIIme au VIme siècle après J.-C., beaucoup plus tard peut-être, pendant une longue suite de générations, on a vu pratiqué le socialisme d'État. L'État a fait siennes toutes les fonctions de la vie sociale. Il a pourvu à l'approvi-

sionnement, il a eu son Préfet de l'annone, ses bou-
chers, ses charcutiers d'État, ses médecins, ses professeurs, il a eu ses contribuables obligés, ses soldats
obligés. Il a chauffé les bains, fabriqué les étoffes,
fixé le prix des choses. Par tous les moyens il a
assuré l'intérêt de ses dirigeants et de sa hiérarchie.
Mille liens, visibles et invisibles, se sont abattus sur
l'individu et l'ont tenu garrotté et immobilisé, sacri-
fié au nom du bon ordre social, du salut de l'État.

Il a eu beau protester et se débattre, sa voix
est restée sans écho. La hiérarchie, le commandement, la force baptisée l'ordre, ont eu raison de lui.
Libre, il s'est tout à coup retrouvé maçon, charpentier, forgeron à perpétuité. Il s'est retrouvé curiale
enchaîné à la curie; il s'est retrouvé colon enchaîné
au sol, serf de la glèbe. Il s'est retrouvé partout
esclave et opprimé.

Que s'est-il passé alors? Le droit individuel, la Justice ont pris leur revanche. L'État étouffait l'individu;
l'individu est sorti de l'État. Il a continué à payer et
à servir. Son esprit, ses forces intellectuelles et morales, tout ce qui fait l'homme et soutient les institutions, sont allés ailleurs. Il s'est fait chrétien. Il a
proclamé Dieu seul maître légitime, seul juste, et en
affirmant Dieu, il a nié l'empereur, il a nié l'État,
l'État insoucieux de justice, oppresseur et grossier.

L'Empire et l'Empereur ont sévi. On a décapité, on
a jeté aux bêtes, on a livré aux outrages des porte-
faix et des soldats la pudeur des vierges chrétiennes.
L'individu a continué à dire : « non. »

Et l'Empire s'est affaissé sur lui-même. Et le Barbare
a eu sa proie.

Mort de quoi, ce puissant empire? morte de quoi la

ville éternelle, à qui jusqu'à la fin des âges semblait promis le sceptre des nations ?

Morte de ce mal silencieux qui vous ronge déjà, sociétés modernes, vieilles aussi et endurcies dans l'Injustice, morte de la revanche du droit individuel contre la Hiérarchie et la Raison d'État, de l'Anarchisme, de l'*Anarchisme chétien.*

Le socialisme moderne sera libéral et anarchique. Tout autre socialisme est un faux socialisme et ne fera qu'empirer le mal présent. C'est pour cela qu'entre Marx et Georges il n'y a pas, — il ne saurait y avoir, — opposition de tendance, sinon de méthode et de moyens. C'est pour cela que nous avons la tâche de chercher partout le vrai et que ce serait manquer à tous nos devoirs de nous dérober, lorsque l'occasion s'en présente, à un examen de conscience approfondi, qui ne peut être pour tous que bienfaisant.

G. P.

LA CONDITION DES OUVRIERS

LETTRE OUVERTE AU PAPE LÉON XIII

Très Saint Père,

J'ai lu avec soin votre Lettre Encyclique sur la condition du travail, adressée aux Patriarches, Primats, Archevêques et Évêques de votre confession, et par eux à tout le monde chrétien.

Puisque ses plus dures condamnations sont dirigées contre une doctrine digne de tout votre intérêt, nous en avons la conviction, je demande à votre Sainteté la permission de lui exposer les raisons de notre foi et de lui mettre sous les yeux quelques considérations qui lui ont malheureusement échappé.

La gravité des faits que vous signalez, la pauvreté, la souffrance, le sourd grondement de malaise qui agite le monde chrétien, le danger de voir la passion jeter l'ignorance dans une lutte aveugle contre des conditions sociales devenues rapidement intolérables — voilà ma justification.

I

Nos postulats sont tous établis ou impliqués dans votre Encyclique. Ce sont les notions premières de la raison humaine, les enseignements essentiels de la foi chrétienne.

Nous croyons : que

— Ce monde est la création de Dieu. —

Les hommes, qui viennent au monde pour le court période de leur vie terrestre, sont au même titre les créatures de sa bonté, au même degré les objets de son soin providentiel.

Par l'effet de sa constitution, l'homme est dans la dépendance de besoins physiques dont la satisfaction est la condition indispensable non seulement de sa vie physique mais aussi du développement de sa vie intellectuelle et spirituelle. Dieu a voulu que la satisfaction de ces besoins dépendît des propres efforts de l'homme, et lui a donné le pouvoir, — en même temps qu'il lui en imposait l'obligation, — du travail; — un pouvoir qui à lui seul l'élève bien au-dessus de la brute, puisque nous pouvons dire, avec l'humilité convenable, qu'il le rend capable de devenir, pour ainsi dire, un auxiliaire de Dieu dans l'œuvre de la création.

Dieu n'a pas imposé à l'homme la tâche de cuire des briques sans feu. Avec la nécessité du travail et le pouvoir de travailler, il a aussi donné à l'homme la matière pour cela.

Cette matière, c'est la terre; — l'homme physiquement étant un animal terrestre qui ne peut vivre que sur la terre et de la terre, et ne peut utiliser les autres éléments, comme l'air, la chaleur du soleil, l'eau, qu'en usant de la terre.

Tous créatures du bon Dieu, tous ayant même droit, du fait de sa providence, à vivre leur vie et à satisfaire leurs besoins, tous ont même droit à user de la terre;

et tout arrangement empêchant ce même usage de la terre pour tous est moralement mauvais.

Pour le droit de propriété, nous croyons que :

— *Individus* par le fait même de notre existence, avec des besoins et des pouvoirs individuels, — les hommes (assujétis aux obligations morales qui naissent de relations telles que celles de la famille) ont individuellement droit à l'usage de leurs propres pouvoirs et à la jouissance des résultats obtenus.

C'est ainsi que naît, — antérieur à la loi humaine, tirant sa force de la loi de Dieu, — un droit de propriété privée sur les choses produites par le travail, — un droit que peut transférer le possesseur, mais dont c'est un vol de le priver sans son consentement.

Ce droit de propriété, dont l'origine est le droit de l'individu sur lui-même, est le seul droit de propriété plein et entier. Il s'attache aux choses que produit le travail, il ne peut pas s'attacher aux choses qui ont Dieu pour auteur.

Ainsi, si un homme prend un poisson dans la mer, il acquiert sur ce poisson un droit de propriété exclusif qu'il peut transférer par vente ou par don. Mais il ne peut avoir un semblable droit de propriété sur la mer, de manière à pouvoir la vendre, la donner, ou en interdire l'usage aux autres.

Ou bien encore, s'il établit un moulin à vent, il acquiert un droit de propriété sur les choses que cet usage du vent lui permet de produire. Mais il ne peut pas prétendre un droit de propriété sur le vent lui-même, de manière à pouvoir le vendre ou empêcher les autres de s'en servir.

S'il cultive des céréales, il acquiert un droit de propriété sur le grain que son labeur fait venir. Peut-il avoir un droit semblable sur le soleil qui le mûrit ou le sol qui le porte ? Ces choses font partie des dons sans fin de Dieu à la suite des générations humaines qui toutes peuvent en user, sans qu'une génération puisse en revendiquer quelqu'une comme exclusivement sienne.

Attacher aux choses qui ont Dieu pour auteur le même droit de propriété privée qui s'attache avec raison aux choses que produit le travail, c'est diminuer et méconnaître le vrai droit de propriété. Car un homme qui du produit de son travail est obligé de payer un autre homme pour user de la mer, de la lumière du soleil, ou du sol, de toutes les choses que les hommes comprennent sous ce simple terme de terre, cet homme, dis-je, est en cela privé de sa propriété *légitime* et ainsi victime d'un vol.

Pour ce qui est de l'usage de la terre, nous croyons que :

— Si le droit de propriété, qui s'attache avec raison aux produits du travail, ne peut pas s'attacher à la terre, il peut s'attacher à la terre un droit de *possession*. Comme le dit Votre Sainteté, Dieu n'a pas donné la terre au genre humain en général, de façon que tous indistinctement puissent en faire ce qu'il leur plaît, et les lois humaines peuvent fixer les règles nécessaires pour en user pour le mieux. Mais ces règles doivent être conformes à la loi morale; elles doivent assurer à tous part égale des avantages que prodigue pour tous la bonté de Dieu. Le principe est le même que lorsqu'un père de famille laisse sa propriété à tous ses enfants sans distinction. Parmi les choses ainsi laissées, il peut en être qui ne soient pas susceptibles d'usage commun ou de partage en nature. Ces biens, on les attribuera exclusivement à quelqu'un des enfants, à condition toutefois de ne pas perdre de vue le principe du partage égal.

Dans un état social rudimentaire, lorsque l'industrie consiste à chasser, à pêcher, à recueillir les fruits que la terre produit d'elle-même, la possession privée de la terre n'est pas nécessaire. Mais lorsque les hommes commencent à cultiver la terre et à exécuter des travaux durables, la possession privée de la terre sur laquelle s'exécutent ces travaux devient le moyen indispensable d'assurer le droit de propriété sur les produits du travail. Qui voudrait semer, n'était l'assurance d'avoir la *possession* exclusive du sol, et de pouvoir moissonner? qui se risquerait aux travaux coûteux s'il n'avait l'assurance d'une possession exclusive du sol et de pouvoir en recueillir le bénéfice en toute sûreté?

Ce droit de possession privée sur les choses dont Dieu est l'auteur diffère cependant du tout au tout du droit de propriété privée sur les choses qui sont le produit du travail. L'un est limité; l'autre illimité, sauf les cas où tous les autres droits cèdent à l'instinct de conservation.

Le premier, la *possession* exclusive du sol, a pour objet d'assurer la jouissance de l'autre : la *propriété* exclusive des produits du travail, et il ne saurait jamais justement aboutir à la lésion ou à la destruction du dernier, chacun ayant le droit de posséder en propre la terre, sous condition de ne pas porter atteinte au même droit dans la personne d'autrui; son droit va jusque là et. légitimement ne saurait aller plus loin.

Ainsi Caïn et Abel, seuls sur la terre, peuvent convenir de se partager la terre entre eux deux. Par

cette convention, chacun peut prétendre à l'encontre
de l'autre un droit exclusif sur sa part. Mais l'un ni
l'autre ne peuvent légitiment maintenir une telle
prétention, du moment où un nouvel homme est né.

Car, puisque personne ne vient au monde sans la
permission de Dieu, sa présence seule lui donne un
droit, égal à celui des autres hommes, d'user des dons
de la bonté de Dieu. Lui refuser l'usage de la terre
qu'ils se sont partagée, ce serait pour eux commettre
un véritable meurtre. Et lui refuser l'usage de la
terre pour le contraindre à leur acheter ce droit au
prix de son travail ou d'une partie des fruits de son
travail, c'est pour eux commettre un véritable vol.

Les lois de Dieu ne changent pas; leurs applications
diffèrent selon les circonstances; les mêmes principes
de bien et de mal, qui valent quand les homme sont
peu nombreux et l'industrie grossière, valent également lorsque les populations sont devenues denses et
les industries compliquées. Dans nos cités, qu'habi-
tent des millions d'hommes, dans nos États qui se chif-
frent par vingtaines de millions, dans notre civilisation où est poussée si loin la division du travail que
de vastes multitudes ont à peine conscience qu'elles
usent de la terre, il reste vrai que tous nous sommes
des animaux terrestres et que sur la terre seule nous
pouvons vivre; et que la terre est un don de Dieu à
tous, et que personne ne peut en être privé sans être
du même coup privé de la vie; et que personne ne peut
être contraint à acheter d'un autre le droit d'en jouir,
sans être victime d'un vol.

Mais même dans un état de société où le développement de l'industrie et l'accroissement des améliorations durables ont rendu général le besoin de *posses-*

sion privée de la terre, il n'y a aucune difficulté à ajuster la possession individuelle avec le droit égal de tous à la terre. Car dès qu'une pièce de terre assure à son possesseur un revenu supérieur à celui qu'il aurait eu par un travail semblable sur une autre terre, une valeur s'y attache qui est sensible quand on la vend ou quand on la loue. Ainsi la valeur propre de la terre, indépendamment des améliorations qui ont pu s'y produire, représente toujours la valeur précise du profit que retirent tous ceux qui en usent, profit distinct de la valeur qui revient individuellement au possesseur en tant que producteur ou successeur du producteur.

Pour combiner les avantages de la *possession* individuelle avec la légitimité de la *propriété* commune, il n'est donc besoin que de revendiquer pour le commun usage la valeur qui s'attache à la terre indépendamment du travail qui a pu s'exercer sur elle. Le principe est le même que dans le cas auquel nous nous sommes déjà reportés, où un père lègue également à ses enfants des choses qui ne sont susceptibles ni de division en nature ni d'usage commun.

Ces choses sont vendues ou louées et leur valeur partagée également.

C'est sur ce principe de sens commun que nous qui nous appelons les hommes *d'un seul impôt* nous voudrions voir reposer la communauté. Nous ne proposons pas d'assurer à chacun sur la terre laissée commune un droit égal, lui permettant d'user en tout temps de n'importe quelle part. Nous ne nous proposons pas la tâche, impossible dans l'état actuel de la société, de diviser la terre en portions égales; encore moins la tâche plus impossible encore de la conserver ainsi divisée.

Nous proposons simplement, — laissant la terre possession privée des individus, avec pleine liberté pour
eux de la donner, de la vendre ou de la léguer, — de
lever sur elle, pour les usages communs, une taxe
égale à la valeur annuelle de la terre elle-même indépendamment de l'usage qu'on en fait ou des améliorations réalisées. Et puisque cet impôt pourvoirait
amplement au besoin de revenus publics, nous
ferions suivre l'établissement de cette taxe sur les
valeurs de la terre de la suppression de tous les impôts
actuellement levés sur les produits et les opérations
de l'industrie, lesquels impôts rognant les gains du
travail sont à notre avis des atteintes au droit de
propriété.

Nous proposons cela non comme une invention
de l'ingéniosité humaine mais comme la simple
conformation des lois humaines à la volonté de
Dieu.

Dieu ne peut se contredire lui-même ni imposer à
ses créatures des lois qui se contredisent. Si c'est un
commandement de Dieu aux hommes qu'ils ne doivent pas voler, c'est-à-dire qu'ils doivent respecter
le droit de propriété que chacun d'eux a sur le fruit
de son travail; et s'il est aussi le Père de tous les
hommes et a voulu dans sa bonté pour tous que, à
n'importe quel degré de civilisation humaine, com-
plexe ou non, les conditions de partage fussent égales
pour tous, il doit y avoir un moyen de concilier le
droit exclusif de l'individu sur les produits de son
industrie avec le droit égal de tous à la terre.

Si le Tout-Puissant est conséquent avec lui-même
il n'est pas vrai, comme le prétendent ces socialistes
auxquels vous faites allusion, que pour assurer à

tous les hommes une égale participation aux biens de
la vie et du travail il faille ignorer le droit de
propriété privée.

De même il ne peut être vrai, comme vous-même
semblez le dire dans l'Encyclique, que pour assurer
le droit de propriété privée il faille méconnaître le
droit égal de tous aux biens, conditions de toute
vie et de tout travail. C'est nier l'harmonie des lois
de Dieu de dire l'une ou l'autre de ces choses.

Mais la possession privée de la terre contre paiement fait à la communauté de la valeur de tout
avantage spécial ainsi concédé à l'individu satisfait
à la fois aux deux lois, assurant à tous une participation égale aux bontés du Créateur, et à chacun le
droit de propriété plein et entier sur les produits de
son travail.

Aussi n'hésitons-nous pas à dire que ce moyen
d'assurer le droit égal de tous aux dons du Créateur
et le droit exclusif sur les produits du travail est le
moyen voulu par Dieu pour alimenter les revenus
publics. Car nous ne sommes pas des athées qui
nient Dieu ni des demi-athées qui nient qu'il ait rien
à voir à la politique ou à la législation.

Il est vrai, comme vous dites, (une salutaire vérité,
trop souvent oubliée) que « l'homme est plus vieux
que l'État, et qu'il a le droit de pourvoir à la vie de
son corps antérieurement à la formation de n'importe quel État. » Cependant, comme vous aussi vous
le voyez, il est non moins vrai que l'institution de
l'État entre dans le plan divin.

Car Celui qui prévoit tout et pourvoit à tout a
prévu et a pourvu qu'avec l'accroissement de la
population et le développement de l'industrie l'orga-

nisation de la société humaine en États et Gouvernements fût à la fois utile et nécessaire.

Si tôt l'État né, sitôt, nous le savons tous, il a besoin de revenus. Ce besoin de revenus est tout d'abord insignifiant lorsque la population est éparse, l'industrie primitive et les fonctions de l'État peu nombreuses et simples. Mais avec l'accroissement de la population et le progrès de la civilisation les fonctions de l'État croissent et des revenus de plus en plus grands sont nécessaires.

Maintenant Celui qui a fait le monde et qui y a mis l'homme, Celui qui a ordonné d'avance la civilisation comme le moyen pour l'homme de grandir en puissance et de devenir de plus en plus conscient des œuvres de son créateur, doit avoir prévu ce besoin croissant de revenus pour l'État. C'est-à-dire : le besoin, croissant avec le progrès social, de revenus publics étant un besoin naturel, ordonné par Dieu, il doit y avoir un moyen direct de lever ces revenus, un moyen dont nous puissions vraiment dire qu'il a été voulu de Dieu. Il est clair que ce moyen direct de lever les revenus publics doit être d'accord avec la loi morale.

Donc :

Il ne faut pas enlever aux individus ce qui de plein droit revient aux individus.

Il ne faut pas donner à quelques uns un avantage sur les autres, comme on le fait en élevant les prix de ce que quelques uns ont à vendre tandis que d'autres doivent l'acheter.

Il ne faut pas induire les hommes en tentation en abusant du serment, en multipliant les occasions de jurer, en rendant profitables le mensonge, les faux serments, la corruption : qu'il s'agisse de corrompre ou de se laisser corrompre.

Il ne faut pas obscurcir la distiction entre le juste et l'injuste et affaiblir les sanctions de la Religion et de l'État en créant des crimes qui ne sont pas des péchés et en punissant les hommes pour avoir fait ce que en soi ils ont un droit indiscutable de faire.

Il ne faut pas écraser l'industrie. Il ne faut pas mettre obstacle au commerce. Il ne faut pas punir l'épargne. Il ne faut mettre aucun empêchement à une production plus large, à une répartition plus belle de la richesse.

Laissez-moi demander à Votre Sainteté de vouloir bien considérer les taxes sur les opérations et les produits de l'industrie, qui, par tout le monde civilisé, servent à rassembler les revenus publics : les taxes d'octroi qui ferment comme d'une barrière les cités italiennes; ces monstrueux droits de douane qui empêchent le commerce entre les prétendus États Chrétiens; les taxes sur les professions, les salaires, le vêtement, la construction des maisons, la culture des champs, l'industrie et l'épargne sous toutes ses formes. Sont-ce là, est-il possible, les moyens dont Dieu veut que les Gouvernements se servent pour se procurer les ressources nécessaires? Trouve-t-on là, dans un seul, ces traits caractéristiques d'un bon plan?

Toutes ces taxes violent la loi morale. Elles prennent de force ce qui appartient à l'individu seul; elles donnent au peu scrupuleux un avantage sur le scrupuleux; elles ont l'effet, que dis-je? elles ont pour but d'accroître le prix de ce que les uns ont à vendre et que doivent acheter les autres; elles corrompent

le gouvernement; elles font des serments une plai-
santerie; elles entravent le commerce; elles rançon-
nent l'industrie et l'épargne; elles amoindrissent la
richesse dont les hommes peuvent jouir et enrichis-
sent quelques uns pour appauvrir les autres.

Cependant ce qui montre le mieux combien est
contraire au Christianisme ce système de lever les
revenus publics c'est son influence sur la pensée.

Le Christianisme nous enseigne que tous les
hommes sont frères; que leurs vrais intérêts sont
harmoniques, non pas opposés. Il nous donne pour
règle d'or de notre vie l'obligation de faire aux
autres ce que nous voudrions qu'on nous fît.

Or, du système de taxer les produits et le travail
et de ses effets sur l'élévation du prix de ce que quelques-uns ont à vendre et que doivent acheter les
autres est sortie la théorie de la protection qui
renie l'Évangile, tient le Christ ignorant de l'Économie Politique et proclame les lois de la production
nationale en opposition absolue avec son enseignement. Cette théorie sanctifie les haines nationales,
intronise la guerre universelle des tarifs meurtriers.
Elle enseigne aux peuples que leur prospérité consiste à imposer à la production des autres peuples
des restrictions qu'ils ne souhaitent pas voir impo-
sées à la leur; et au lieu de la doctrine Chrétienne
de la fraternité humaine elle fait une vertu civique
du mépris de l'étranger.

« Vous les reconnaîtrez à leurs fruits ». Quelque
chose peut-il plus clairement montrer que taxer les
produits et les opérations de l'industrie n'est pas le
moyen voulu de Dieu de se procurer les revenus
publics?

Mais il suffit de considérer ce que nous voulons :
en guise de revenus publics une taxe unique sur la
valeur de la terre indépendamment du travail incorporé — pour voir qu'à tous égards la mesure pro-
posée est en parfaite conformité avec la loi morale.

Laissez-moi demander à Votre Sainteté ne pas
perdre de vue que la valeur que nous proposons
de taxer — la valeur de la terre abstraction faite des
améliorations réalisées — ne vient pas de l'accomplissement d'un travail quelconque ou de l'incorporation d'aucune sorte de capital; les valeurs ainsi
créées étant des *valeurs d'amélioration* que nous
voulons exempter de la taxe.

La valeur de la terre, abstraction faite de toute
amélioration, est la valeur qui s'attache à la terre
en raison de l'accroissement de la population et du
progrès social. C'est une valeur qui va toujours au
propriétaire en tant que propriétaire et qui ne va
jamais, qui ne peut jamais aller à celui qui utilise le
sol. Car si ce dernier n'est pas la même personne que
le propriétaire, il lui faut toujours payer le propriétaire pour cet usage du sol sous espèce de rente
annuelle ou de prix d'achat. Au contraire si le propriétaire et celui qui utilise le sol ne font qu'un,
c'est comme propriétaire, non comme travailleur,
que cette valeur lui revient; et à condition de vendre ou arrenter la terre, il peut encore, même quand
il a cessé d'exploiter lui-même, continuer à percevoir
cette valeur.

De la sorte les taxes sur la terre, abstraction faite
de toute amélioration, ne peuvent pas amoindrir les
profits de l'industrie, surfaire les prix (1), d'une

(1) Il pourrait être bon d'ajouter ici que tous les économistes con-

manière quelconque enlever à l'individu ce qui lui
appartient. Ces taxes ne peuvent que prendre la
valeur qui s'attache à la terre du fait du développement de la communauté et qui conséquemment appartient à la communauté comme telle.

Prendre ces valeurs du sol pour l'État en abolis-
sant toute taxe sur le produit du travail, ce serait
donc laisser au travailleur tout le produit de son

---

viennent que les taxes sur la *valeur* de la terre abstraction faite de
toute amélioration ou de l'usage — (ce que la terminologie de l'économie politique qualifie *rente :* terme par lequel on désigne exclusivement la somme payée pour l'usage de la terre elle même et alors
on a là un emploi du mot nettement distinct de son sens ordinaire) —
tous les économistes conviennent que ces taxes doivent être payées
par le propriétaire et qu'il ne saurait s'en décharger sur le locataire.
— Pour exposer autrement la raison donnée dans le texte disons
encore : Le prix n'est pas déterminé par le caprice du vendeur ou de
l'acheteur, mais par le rapport entre la demande et l'offre; et conséquemment pour les choses demandées et produites avec une même
constance le prix tend à se fixer sur un point déterminé par le coût
de la production, quoi que ce soit qui tende à accroître le prix de revient des marchandises en bon état offertes aux consommateurs accrois-
sant du même coup le prix par une diminution de l'offre; et quoi que
ce soit qui tende à réduire un tel coût entraînant un abaissement
de prix par suite d'un accroissement de l'offre. Ainsi les taxes sur
le blé ou le sucre ou le tabac ajoutent au prix que le consommateur
doit payer et ainsi la diminution du coût dans la production de
l'acier, due aux procédés perfectionnés de ces dernières années, a
considérablement abaissé le prix de l'acier. Mais la terre n'a pas de
coût de production, puisqu'elle est créée par Dieu et non un produit
de l'homme. — Aussi son prix est-il fixé — 1 (rente résultant du monopole), là où la terre est l'objet d'un strict monopole, par ce que les
propriétaires peuvent arracher aux fermiers, sous peine de privation
et conséquemment de mort, et s'élève à tout ce que le travail moyen
peut tirer de la terre en sus de ce qui est nécessaire à la vie. — 2
(rente économique) là où il n'y a pas de monopole particulier,
par ce que la terre particulière donne au travail ordinaire en plus

travail, à l'individu tout ce qui lui appartient légitimement. Aucune charge sur l'industrie; aucune
entrave au commerce; aucune peine infligée à l'é-
pargne : on assurerait la plus large production et
la meilleure distribution de la richesse en laissant
les hommes libres de produire et d'échanger à leur
gré sans surélévation artificielle de prix. Et en prenant
pour les besoins publics une valeur qu'on ne peut pas
soustraire, qu'on ne peut pas céler, qui de toutes les

---

de ce que la même dépense et le même travail peuvent faire rendre
à la terre ne présentant aucun avantage particulier et pour laquelle
n'est payée aucune rente; — et 3 — (Ce qui au point de vue théori-
que est une sorte de *rente monopole*, se traduisant particulièrement
sous forme de prix de vente) — par l'attente d'un futur accroissement
de valeur résultant de la croissance et du développement social, une
attente déterminant les propriétaires à tenir leurs prix et qui a le
même effet que la coalition.

Des taxes sur la valeur de la terre ou la *rente économique*, le propriétaire ne peut donc jamais s'en décharger sur le locataire, puisqu'elles ne peuvent d'aucune façon accroître la demande de la terre,
ou permettre au propriétaire de restreindre l'offre en faisant sortir la
terre de l'usage. — Là où la rente dépend de la pure monopolisation,
— un cas que je mentionne parce que de cette façon il peut demander une rente pour l'usage du sol même avant l'apparition de la
rente économique et naturelle — là dis-je, l'impôt a beau dépouiller
les propriétaires de ce qu'ils sont capables d'arracher au travail, il ne
leur est pas possible pour cela d'arracher davantage aux travailleurs
puisque les travailleurs n'ayant pas assez pour vivre mourront. De
même dans le cas de rente économique proprement dite, le fait de
prendre aux propriétaires les primes qu'ils perçoivent n'ajouterait
en rien à la valeur plus grande de la terre et à la demande qui s'en
fait. — D'autre part, là où le prix est affecté par la rente de spéculation, contraindre les propriétaires à payer des taxes sur la valeur
de la terre, qu'ils en retirent ou non du revenu, ce serait leur rendre
plus difficile de retirer la terre de l'usage; et la taxer à son entière
valeur ce ne serait pas seulement leur enlever le pouvoir mais le
désir de faire ainsi.

valeurs est la plus facile à établir, la plus certaine, et la moins dispendieuse à recouvrer, on réduirait prodigieusement le nombre des .fonctionnaires; on rendrait les serments inutiles, on éviterait d'encourager la corruption et la fraude; on amènerait la disparition de ces catégories de *crime-fait-hommes*, par eux-mêmes innocents.

Il y a plus : que Dieu ait voulu que l'État se procurât les revenus dont il a besoin par des taxes sur la valeur du sol, cela ressort de la même façon et tout aussi certainement que la volonté de Dieu que le lait de la mère servît à la nourriture de l'enfant.

Voyez l'étroite analogie. A ce premier moment où ne se fait pas sentir pour l'État le besoin de revenus, on ne connaît pas de valeur de la terre. Les produits du travail ont de la valeur; mais, étant donnée la .faible densité de la population, aucune valeur ne s'attache à la terre elle-même. A mesure que la densité croissante de la population et la perfection plus grande de l'industrie nécessitent l'organisation de l'État, avec son besoin croissant de revenus commence à s'attacher au sol une certaine valeur. Plus la population augmente et plus l'industrie se perfectionne, plus le besoin de revenus publics devient grand. Et en même temps et pour les mêmes causes s'accroît la valeur de la terre. Il y a là une connexion invariable. Au fur et à mesure du développement social la valeur des choses produites par le travail tend à décliner, puisque le développement de la production sur une plus large échelle et le perfectionnement des procédés tendent rapidement à réduire le coût. Mais la valeur du sol sur lequel

s'agglomère la population ne cesse de croître. Prenez
Rome, Paris, Londres, New-York ou Melbourne.
Considérez l'énorme valeur de la terre dans ces cités
comparée à la valeur de la terre dans les parties des
mêmes contrées où la population est clairsemée. A
quoi cela est-il dû? N'est-ce pas dû à la densité, à
l'activité de la population de ces cités, aux mêmes
causes qui demandent des dépenses publiques si
considérables pour les rues, les égoûts, les monu-
ments publics et toutes les nombreuses choses indispensables pour la santé, l'agrément et la sécurité de
ces grandes cités? Voyez comment, avec la croissance de ces cités, la seule chose dont la valeur ne
cesse de croître, c'est la terre; comment l'ouverture
des routes, l'établissement de chemins de fer, les
améliorations publiques ajoutent à la valeur de la
terre. N'est-il pas clair qu'il y a là une loi naturelle
— c'est-à-dire une tendance voulue par le créateur?
— Cela peut-il signifier autre chose que ceci :
que Celui qui a voulu l'État avec ses besoins, a par
le moyen de valeurs qui s'attachent à la terre pourvu
d'avance à leur satisfaction?

Que ce soit là la signification de la chose et nulle
autre, cela nous est confirmé si nous regardons de
plus près et si nous recherchons non-seulement
l'intention mais encore le but. Si nous faisons cela,
nous pouvons voir dans cette loi naturelle, en vertu
de laquelle la valeur de la terre augmente avec la
croissance de la société, non-seulement un moyen
providentiel admirable de satisfaire aux besoins de
la société et qui charme notre intelligence en nous
montrant la sagesse du Créateur, mais par rapport
à l'individu, le but d'émouvoir notre conscience

morale en laissant arriver jusqu'à nous un rayon de sa munificence.

Voyez : il y a ici une loi naturelle en vertu de laquelle, à mesure que la société avance, la seule chose qui croisse en valeur c'est la terre, — une loi naturelle en vertu de laquelle tout accroissement de population, tout progrès des arts, toute amélioration, quelle qu'elle soit, ajoutent au fonds que tout à la fois les commandements de la justice et les exigences de l'intérêt nous poussent à prendre pour les besoins de la Société. Mais l'accroissement du fonds utilisable pour les besoins communs de la société est un accroissement du profit qui revient pour part égale à chacun de ses membres. N'est-il pas clair que la loi par laquelle la valeur de la terre croît avec le développement social, la valeur des produits restant stationnaire, tend au fur et à mesure des progrès de la civilisation à faire la part qui revient également à chaque membre de la société de plus en plus importante comparativement à celle qui lui revient de ses gains individuels, et à effacer ainsi, dans une certaine mesure, par le progrès de la civilisation, les différences qui dans un état de société primitif doivent nécessairement exister entre le fort et le faible, entre le riche et le pauvre ? N'apparaît-il pas de là que le dessein du créateur est que le progrès de l'homme en civilisation lui confère non-seulement des pouvoirs plus étendus mais le rapproche d'une égalité de plus en plus grande, au lieu de le rapprocher, comme cela arrive par notre méconnaissance de sa volonté, d'un état de plus en plus monstrueux d'inégalité ?

Que la valeur qui vient à la terre avec le dévelop

pement social ait la destination de satisfaire aux
besoins sociaux, c'est ce que démontre la preuve par
les causes finales. Dieu, à coup sûr, est un Dieu ja-
loux en ce sens que rien sinon le mal et la souffrance ne peut sortir de tout ce que l'homme prétend faire autrement que Dieu a voulu qu'il le fît;
en ce sens que les bénédictions qu'il réserve aux
hommes et que l'homme refuse ou dont il fait un
mauvais usage, deviennent des fléaux qui le châ-
tient. Et tout comme pour la mère, se montrer avare
des réserves qui lui gonflent le sein à la naissance
de son enfant c'est compromettre sa santé, de même
pour la société refuser de prendre pour les besoins
sociaux la réserve qui a cette destination doit provoquer un malaise social.

En refusant de prendre pour les besoins publics les
valeurs croissantes qui s'attachent à la terre avec
le développement social, on s'oblige à demander
les ressources nécessaires à des taxes qui restrei-
gnent la production, jettent le trouble dans la
distribution, et corrompent la société. On laisse
quelques-uns prendre pour eux ce qui en toute
justice appartient à tous; on néglige le seul moyen, dans une civilisation avancée, de concilier la
sécurité de possession nécessaire pour les améliorations avec l'égalité de biens naturels, le plus important de tous les droits naturels. Par là on met à la
base de toute vie sociale une injuste inégalité entre
l'homme et l'homme ; on oblige les uns à acheter des
autres le privilège de vivre, la chance de travailler,
les avantages de la civilisation, les dons de leur propre Dieu. Mais c'est même plus que cela. Le véritable
vol dont les masses sont ainsi victimes donne nais-

sance dans les sociétés déjà vieilles à une nouvelle
volerie. La valeur, qui vient à la terre de l'accroissement de population et du progrès social, pouvant sans
protestation de la part de personne passer aux individus qui se sont saisis de la propriété de la terre, c'est
un encouragement à la spéculation et à l'accaparement de la terre, partout où se montre la perspec-
tive d'un accroissement de population, d'un progrès
quelconque, — conséquemment une rareté artificielle
des éléments de vie et de travail, — un étranglement
de la production, qui apparait dans ces crises pério-
diques de dépression industrielle aussi désastreuses
pour le monde que les guerres les plus destructives.
C'est là la cause qui pousse les hommes à passer de
l'Ancien continent dans le Nouveau pour n'y
trouver que les mêmes malédictions. C'est là la cause
pour laquelle notre progrès matériel non-seulement
n'aboutit pas à l'amélioration du sort des simples
travailleurs, mais rend pire, sans nul doute, le sort
d'un grand nombre de classes. C'est ce qui nous donne,
dans nos plus riches contrées chrétiennes, cette nombreuse population dont la vie est plus dure, plus
écrasée, plus dégradée que celle des peuplades les
plus sauvages. C'est ce qui conduit tant d'hommes à
penser que Dieu n'est qu'un bousilleur, qu'il met sur
la terre constamment plus d'hommes que les ressources de sa Providence ne lui permettent d'en
nourrir ou qu'il n'y a pas de Dieu; et que la foi en
Dieu est une superstition que l'expérience de la vie
et les progrès de la science feront évanouir.

Les ténèbres au sein des lumières, la faiblesse
dans la force, la pauvreté au milieu des richesses,
le sourd mécontentement prélude de la guerre civile :

tous les traits distinctifs de notre civilisation actuelle, — voilà le résultat naturel et inévitable de
notre dédain des bienfaits de Dieu et de notre ignorance de ses intentions. Prendrions-nous, au contraire, le parti de suivre la simple et claire règle de
droit qu'il nous propose, laissant scrupuleusement
à l'individu tout le produit de son travail individuel
et prenant pour la communauté la valeur qui vient
à la terre du fait de la communauté elle-même ? Non-
seulement nous nous épargnerions la nécessité d'en
venir à lever des revenus publics ; mais tous les
hommes seraient en mesure de jouir également
des dons de la bonté de Dieu, de se livrer au travail et de recueillir le fruit de leurs peines. Et alors,
sans mesure de contrainte ou de coercition, on
verrait cesser l'accaparement de la terre. Car la
possession de la terre n'aurait d'autre signification
que d'assurer la durée de l'usage ; il n'y aurait
aucune raison pour personne d'acquérir la terre ou
de la garder si ce n'est pour s'en servir. Et la
possession d'une terre de qualité ne saurait pas plus
conférer à l'individu un injuste avantage que constituer une injuste spoliation d'autrui, puisque l'équivalent de cet avantage devrait être pris par l'État
pour le bénéfice de tous.

Le Très-Révérend Dr. Thomas Nulty, évêque de
Meath, qui voit tout ceci aussi clairement que nous et,
pour rendre sensible au clergé et aux laïques de son
diocèse cette volonté de la Providence que la rente
de la terre revienne à la communauté, s'exprime de
la sorte :

« Aussi je pense, je puis bien inférer, fort du té-

moignage de l'autorité et de la raison, que les peuples
sont, doivent toujours être les véritables propriétaires de la terre de leur pays. Ce grand fait social
m'apparaît d'un incalculable conséquence et il est
en vérité heureux qu'au point de vue des plus élé-
mentaires principes de la justice il ne soit obscurci
de la moindre ombre d'incertitude et de doute. Il y a,
en outre, un charme et une beauté particulière dans
la clarté avec laquelle apparaît la bienveillante sagesse des desseins de la Providence, dans l'admirable
prévoyance avec laquelle Dieu a pourvu aux besoins
et aux nécessités de cet état d'existence sociale dont
il est l'auteur, et dans lequel nous portent à vivre
les plus vrais et les plus clairs instincts de notre
nature. Une vaste propriété publique, un grand
fonds national a été mis à la disposition et au pouvoir de la nation pour qu'elle pût pourvoir abon-
damment aux dépenses nécessaires de gouvernement,
d'administration de la justice, d'éducation de la jeu-
nesse, pour lui permettre d'entretenir convenable-
ment sa population de criminels et de pauvres.

Un des caractères les plus intéressants de cette
propriété est que sa valeur ne demeure jamais stationnaire; elle est constamment en progrès et croît en
raison directe de l'accroissement de la population;
et les mêmes causes qui font qu'elle est l'objet de
demandes en plus grand nombre, la rendent dans la
même proportion capable d'y satisfaire ».

L'Évêque Nulty a raison; il y a une beauté particulière dans l'évidence avec laquelle la Sagesse et la
Providence divine se révèlent dans ce grand fait social : l'existence d'une réserve pour les besoins communs de la société dans ce que les économistes ap-

pellent la loi de la rente. De toutes les preuves
qu'invoque la religion naturelle c'est celle qui montre le plus clairement l'existence d'un Dieu bienfaisant, et la mieux faite pour réduire au silence les
doutes qui de nos jours conduisent tant d'hommes
au matérialisme.

Car dans l'existence de cette réserve, effet de la
loi naturelle, si admirablement disposée pour les
besoins sociaux, nous voyons bien que Dieu a voulu
la civilisation; que toutes nos découvertes et nos inventions ne sauraient excéder la grandeur de sa prévoyance et que la vapeur, l'électricité, les procédés
qui épargent le travail, ne font que rendre plus
évidentes, en même temps qu'elles en accroissent
l'importance, les grandes lois de la morale. L'accroissement de ce fonds, grandissant avec le progrès
social; — un fonds qui s'accroît par la croissance de
la communauté et appartient conséquemment à la
communauté, — l'accroissement de ce fonds nous
montre qu'il n'est pas besoin de taxes qui amoindrissent la richesse, qui engendrent la corruption, qui
provoquent l'inégalité et enseignent aux hommes à
repousser l'Évangile. Prendre ce fonds et le rendre
à sa destination manifeste ce serait au plus
degré de civilisation assurer à tous une part égale
aux dons de Dieu, la même facilité à satisfaire leurs
besoins et pourvoir amplement aux besoins légitimes
de l'État. Nous voyons alors que Dieu, dans ses rapports
avec les hommes, ne s'est montré ni un bousilleur
ni un ladre; qu'il n'a pas mis trop d'hommes sur la
terre; qu'il n'a pas omis de les pourvoir abondam-
ment; qu'il n'a pas voulu cette lutte acharnée du
grand nombre pour une existence purement animale;

et cette monstrueuse concentration de la richesse qui caractérise notre civilisation; mais que ces maux, qui amènent tant d'hommes à dire qu'il n'y a pas de Dieu — ou avec plus d'impiété encore que ces maux sont un ordre de Dieu, — sont dus à notre méconnaissance de la loi morale. Nous voyons que la loi de Justice, la loi de la règle d'or n'est pas un simple conseil de perfection mais en vérité la loi de la vie sociale. Nous voyons que si nous nous mettions seulement à l'observer, il y aurait travail pour tous, loisir pour tous, abondance pour tous; et que la civilisation tendrait à donner au plus pauvre non seulement le nécessaire mais tout le confort et tout le luxe raisonnable. Nous voyons que le Christ n'était pas un simple rêveur lorsqu'il disait aux hommes que s'ils voulaient chercher le Royaume de Dieu et sa Justice ils n'auraient pas plus à se préoccuper des choses matérielles que les lis des champs de leur vêtement; mais qu'il ne faisait que dire ce que l'économie politique, à la lumière des découvertes modernes, montre être une exacte vérité....

Très-Saint Père, voir cela c'est une joie profonde, enivrante. Car c'est voir pour soi-même qu'il y a un Dieu qui vit et règne et que c'est un Dieu de justice et d'amour. — Notre père qui êtes au ciel! — C'est dans l'épaisse obscurité de nos incertaines questions jeter un rayon de soleil et faire de la foi qui croit ce qu'elle ne peut voir une foi vivante.

II

Votre Sainteté verra par l'explication que j'ai donnée que la réforme que nous proposons, comme toutes les vrais réformes, a tout à la fois un côté éthique et un côté économique, A négliger le côté moral et à présenter notre projet comme un simple plan de réforme fiscale nous pourrions éviter les objections de ceux qui confondent la propriété et la possession et qui voient dans la propriété privée de la terre la seule garantie d'une jouissance durable des améliorations faites , — que tout autre chose pourrait peut-être mieux assurer que cela,

Tout ce que nous cherchons, pratiquement, c'est l'abolition légale, aussi complète que possible, des taxes sur les produits et les procédés du travail, et en conséquence l'établissement de l'impôt sur la terre seule abstraction faite de toute amélioration. Donner à nos plans cette couleur ce serait simplement en faire un vague expédient d'utilité publique.

Et à la vérité un grand nombre de partisans de l'impôt unique présentent nos idées sous ce jour. La beauté du plan au point de vue fiscal les ravit et ils ne veulent rien voir d'autre. Mais, pour ceux qui pensent comme moi, le côté moral est le plus important. Non seulement nous ne voulons pas nous dérober à la question de la propriété privée de la terre mais il nous semble que la bienfaisante et féconde révolution que nous poursuivons est une chose trop grande pour être accomplie par l'égoïsme intelligent et ne peut venir à bien par rien moins que la conscience religieuse.

C'est pour cela que nous attendons si impatiemment la sentence de la Religion. Votre Sainteté, comme le chef de la plus importante confession chrétienne, représente ce tribunal de la manière la plus auguste.

Il nous faut donc examiner les raisons que vous faites valoir pour défendre la propriété privée de la terre; — les accepter, si elles sont bonnes; et si elles ne sont pas bonnes vous indiquer respectueusement en quoi consiste votre erreur.

Lorsque vous dites « que notre premier et fonda-mental principe, dans nos efforts pour améliorer le sort des masses, doit être l'inviolabilité de la propriété privée » vous émettez une proposition à laquelle nous ne demanderions pas mieux que d'adhérer, si nous pouvions seulement être sûr que vous avez dans l'esprit le facteur moral, que vous parlez de la propriété privée légitime; comme lorsque vous par-lez du mariage comme d'une institution divine, il ne saurait faire doute pour nous que vous excluez les mariages illicites. Malheureusement d'autres ex-pressions montrent que vous parlez de la propriété en général, et que vous avez expressement dans l'esprit la propriété privée de la terre. Cette confusion de pensée, cette indistinction des termes se retrouve toute dans votre argumentation et conduit à des con-clusions si peu impliquées dans vos prémisses qu'elles sont avec ces dernières en contradiction parfaite : lorsque, par exemple, de la sanction morale de la pro-priété privée sur les choses produites par le travail, vous tirez cette inférence très différente et tout à fait opposée : — un semblable droit de propriété sur la terre œuvre de Dieu.

La propriété privée n'est pas que d'une seule es-pèce; et elle ne saurait pas plus que le mariage être sanctionnée moralement en termes généraux. Le fait que le mariage licite est conforme à la loi de Dieu ne justifie pas la polygamie, la polyandrie, le mariage in-cestueux; toutes pratiques permises en certaines contrées par la loi civile. Et de même qu'il peut y

avoir un mariage immoral, peut-il y avoir une propriété privée immorale. La propriété privée est celle
que détient un individu exclusivement à tout autre,
celle que détient un individu exclusivement à
tout autre avec l'assentiment de l'État. Le simple
homme de loi, le simple serviteur de l'État peut s'en
tenir là, refuser de distinguer entre les droits que
l'État tient pour également légitimes. Votre Sainteté n'est pas le serviteur de l'État, mais le serviteur
de Dieu, le gardien de la Morale. Vous savez, comme
dit Saint-Thomas d'Aquin, que — « La loi humaine a
sa qualité de loi par son accord seul avec la droite
raison et il est ainsi manifeste qu'elle dérive de la loi
éternelle. Et dans la mesure où elle s'écarte de la
droite raison elle est réputée une loi injuste. Dans
ce cas, ce n'est plus une loi du tout mais plutôt une
sorte de violence. »

Ainsi ce n'est pas une raison qu'une sorte de pro-
propriété soit permise par l'État pour qu'elle ait
mérité par là même la sanction morale. L'État a
souvent fait une propriété des choses qui ne sauraient à juste titre être une propriété, où se trouvent
impliqués la violence et le vol. Par exemple, les
choses de la religion, la dignité et l'autorité qui
s'attachent aux charges ecclésiastiques, le pouvoir d'administrer les sacrements, de disposer du
temporel ont souvent fait l'objet de la part de princes
perdus de mœurs de donations en toute propriété
aux courtisans et aux concubines. En ce moment
même, en Angleterre, un athée ou un payen peut
acheter à marché ouvert et tenir légalement en
propriété, — conséquemment pouvant être vendu, donné, cédé de toute façon, — le droit de désigner au poste

de médecin des âmes; et la valeur de ces droits de présentation ne serait pas moindre, dit-on, de 17.000.000 livres sterlings.

Autre exemple : les esclaves étaient universellement traités comme objet de propriété par les coutumes et les lois des nations classiques et continuèrent à être envisagés ainsî en Europe longtemps après l'introduction du Christianisme. Au commencement de notre siècle, il n'y avait pas une nation chrétienne qui, dans ses colonies tout au moins, ne reconnut le droit de propriété sur les esclaves; et les vaisseaux négriers parcouraient les mers sous le couvert des drapeaux chrétiens. Dans les États-Unis, il y a trente ans à peine, l'achat d'un homme conférait exactement le même droit de propriété que l'achat d'un cheval; et en pays musulman la loi et la coutume font encore de l'esclave la propriété de celui qui le capture ou l'achète.

Cependant Votre Sainteté, dont le Pontificat a été marqué entre toutes autres choses par la glorieuse tentative de pourchasser l'esclavage presque dans ses derniers recoins, ne prétendra pas que la sanction morale qui s'attache à la propriété des choses produites par le travail peut ou pourra jamais couvrir également la propriété de l'esclave.

L'usage que vous faites dans plusieurs passages de vôtre Encyclique de ce terme général : propriété ou propriété privée, — dont il n'y a rien à dire ni en bien ni en mal au point de vue moral, — prête par endroits à l'équivoque, à prendre isolément les passages visés. Lorsqu'on lit l'ensemble, l'on ne saurait douter que, lorsque vous parlez simplement de la propriété privée, vous prétendez désigner la propriété privée de la terre. A comprendre ainsi je trouve que les raisons que vous donnez en faveur de la propriété privée de la terre sont au nombre de huit.

Qu'il me soit permis de les examiner chacune à son tour.

2. Ce qu'on achète au prix d'un objet de légitime propriété est propriété légitime (1)

Manifestement l'achat et la vente ne peuvent pas donner mais seulement transférer la propriété. La propriété qui ne porte pas en elle sa justification morale n'acquiert pas ce qui lui manque à passer du vendeur à l'acheteur.

Si la droite raison ne fait pas l'esclave la propriété de celui qui le capture, elle ne saurait le faire la propriété de celui qui l'achète. Et pourtant votre raisonnement sur la propriété privée de la terre justifierait tout aussi bien la propriété de l'esclave. Pour le montrer il n'est besoin que de substituer dans votre argumentation au mot terre le mot esclave : on dirait alors :

Il est à coup sûr indéniable que quand un homme entreprend un travail rémunérateur la véritable raison et le motif de son travail c'est d'acquérir la propriété et de maintenir cette propriété en sa possession propre.

« Si un homme loue à un autre sa force ou son industrie il le fait dans le but de recevoir en retour ce

---

(1) Ne pouvant, à notre grand regret, reproduire à la suite du livre, comme l'a fait l'auteur, le texte même de l'Encyclique du Pape nous nous permettons de renvoyer le lecteur à la traduction française officielle de l'Encyclique parue chez Poussielgue à Paris, avec le texte latin en regard.

qui est nécessaire à sa nourriture et à sa consommation; il se propose donc expressément d'acquérir un
plein et légitime droit non seulement à la rémunération, mais à disposer comme il lui plaît de cette
rémunération.

Ainsi s'il vit avec économie, s'il met de l'argent de
côté et que pour plus de sécurité il mette ses économies dans l'acquisition d'un *esclave*, l'esclave dans
ce cas n'est que son salaire sous une autre forme;
et en conséquence *l'esclave* ainsi acquis serait aussi
complètement à sa disposition que le salaire qu'il
reçoit de son travail. »

En faisant de votre argumentation en faveur de
la propriété privée de la terre une argumentation en
faveur de la propriété privée de l'homme, je ne fais
pas une chose nouvelle. Dans mon propre pays, de
mon propre temps le même argument que l'achat
donne la propriété fut le moyen généralement em-
ployé de défendre l'esclavage. Les hommes d'État,
les juristes, les hommes d'église, les évêques l'inven-
tèrent; et il fut adopté par tout le pays, par la
grande masse du peuple.

Par lui, on justifiait la séparation des femmes et
des maris, des enfants et des parents, le travail
forcé, la confiscation des fruits du travail, l'achat et
la vente de chrétiens par des chrétiens. En des termes presque identiques aux vôtres on demandait :
« Voici un pauvre homme qui a travaillé dur, qui a
vécu de peu, qui a placé ses économies sur la tête de
quelques esclaves. Voulez-vous lui enlever son gain,
en affranchissant ces esclaves? » On disait encore :
« Voici une pauvre veuve; tout ce qu'à pu lui
laisser son mari, ce sont quelques nègres, le fruit

de longues peines. Voulez-vous dépouiller la veuve
et l'orphelin en affranchissant ces nègres? » Et pour
cette perversion de la raison, cette confusion de la
propriété injuste avec les justes droits de propriété,
cette reconnaissance de la loi humaine pour une loi
divine, un jugement de feu et de sang s'abattit sur
notre peuple.

L'erreur de notre peuple, de croire que ce qui en
soi n'est pas propriété légitime peut le devenir par
vente et achat, est la même erreur que celle dans
laquelle tombe Votre Sainteté. Ce n'est pas seulement la même dans la forme, mais la même au fond.
La propriété privée de la terre non moins que la
propriété privée de l'esclave est la violation des
véritables droits de propriété. Ce sont les différentes
formes de la même spoliation, les deux artifices dont
l'esprit perverti de l'homme se sert pour permettre
à l'homme fort et rusé d'échapper à la loi divine du
travail, en s'en déchargeant sur autrui.

Qu'importe que je possède seulement la terre nécessaire à un autre homme pour vivre ou que je possède l'homme lui-même? Dans un cas comme dans
l'autre, ne suis-je pas tout autant son maître? Ne
puis-je pas le forcer à travailler pour moi? Ne puis-
je pas prendre pour moi-même du fruit de son travail
une part tout aussi grande que si je commandais
directement à toutes ses actions? N'ai-je pas sur lui
pouvoir de vie et de mort? Car enlever la terre à
l'homme c'est tout aussi certainement le tuer que
lui enlever son sang en lui ouvrant les veines, ou
lui intercepter l'air en lui mettant une corde au cou.

L'essence de l'esclavage consiste dans la possibilité,
accordée à un homme, d'avoir le travail d'un autre

sans rien lui donner en retour. La propriétée privée
de la terre réalise cela aussi complèment que le fait
l'esclavage. Le propriétaire de l'esclave doit lui laisser
une part de son gain suffisante pour lui permettre de
vivre. N'y a-t-il pas dans nos pays prétendus libres de
nombreuses classes de travailleurs qui n'obtiennent
pas plus ? Les travailleurs agricoles d'Italie et d'Irlande ont-ils beaucoup plus du fruit de leurs fatigues
qu'autrefois les esclaves de nos États du Sud ! La propriété privée de la terre ne permit-elle pas jadis, aux
époques grossières, aux propriétaires européens d'exiger le jus primæ noctis ? Ce même suprême outrage
ne se perpétue-t-il pas aujourd'hui très-fréquent avec
l'immoralité provenant d'une richesse monstrueuse
d'une part et l'effrayante pauvreté de l'autre ?

Le servage, en Russie, ne consistait-il pas bonnement à donner au maître la terre sur laquelle le serf
était tenu de vivre ? Lorsqu'un Ivan ou une Catherine
enrichissaient leurs favoris du travail des autres ce
n'était pas des hommes qu'ils donnaient ; ils donnaient
de la terre. Quand l'appropriation de la terre en
est venue à ce point qu'il ne reste plus aucune terre
libre à prendre pour ceux qui n'en ont pas, c'est alors
la forme la plus insidieuse de vol de travail, la forme
que comporte la propriété privée de la terre, qui se
substitue sans violence comme plus économique et
plus décente à la forme de l'esclavage. Car sous cette
forme pas n'est besoin de capturer l'esclave et de le
surveiller ensuite ou de le nourrir quand on n'en a
plus besoin. Il se présente de lui-même sollicitant le
privilège de servir, prêt à s'éclipser quand il n'est
plus utile. La laisse n'est pas de rigueur pour le faire
suivre ; la faim fait mieux l'affaire. C'est pour cela

que les conquérants normands de l'Angleterre et les conquérants anglais de l'Irlande ne se partagèrent pas la population mais la terre. C'est pour cela que les vaisseaux négriers européens chargeaient à destination du Nouveau-Monde et non point de l'Europe.

L'esclavage n'est pas encore aboli. Bien que dans les contrées chrétiennes sa forme la plus grossière ait diparu, il existe encore au cœur de notre civilisation sous une forme plus insidieuse et il ne fait que s'accroître. Il y a lieu en vue de la gloire de Dieu et pour la liberté humaine à d'autres œuvres que celle de ces moines guerriers que le cardinal Lavigerie envoie, avec la bénédiction de Votre Sainteté, dans le Sahara. Pourtant votre Encyclique emploie pour la défense d'une des formes de l'esclavage les mêmes sophismes que les apologistes de l'esclavage proprement dit pour défendre les autres.

Les Arabes ne manquent pas de finesse. Votre Encyclique est au loin répandue. Que diront vos moines guerriers si au moment de coucher en joue quelque marchand d'esclaves arabe et de lui reprendre sa misérable caravane ils se voient déclarer par lui que ces esclaves représentent de légitimes économies et qu'en même temps copie leur soit produite de votre Encyclique, grâce à laquelle le marchand leur prouvera par vos propres raisons que ses esclaves ne sont que « son salaire sous une autre forme », et qu'il leur pose la question s'ils prétendent, se réclamant de vous et munis de votre bénédiction, « le priver du droit de disposer librement de son gain et lui enlever ainsi tout espoir et toute possibilité d'augmenter ses ressources et d'améliorer sa condition ? »

2. *Que la propriété privée vient du don fait à l'homme de la raison.*

En second lieu Votre Sainteté démontre que l'homme ayant la raison et la prévoyance peut non seulement acquérir les fruits de la terre mais la terre elle-même de manière à faire provision de fruits pour l'avenir.

La Raison avec son accompagnement naturel, la prévoyance est en vérité l'attribut distinctif de l'homme, l'attribut qui l'élève au-dessus de la brute et qui montre, comme nous l'aprend l'Écriture, qu'il est créé à l'image de Dieu. Et ce don de la raison — comme ɪe montre Votre Sainteté — comporte le besoin et le droit de propriété privée sur tout ce dont nous sommes redevables à l'exercice de notre raison et de notre prévoyance, comme sur tout ce que nous devons à notre travail physique. En réalité ces facteurs de la production humaine sont inséparables et le travail ne va pas sans l'usage de la raison. C'est par sa raison que l'homme diffère de l'animal, qu'il devient un producteur et en ce sens un créateur.

Par elles-mêmes ses forces physiques sont peu de chose, n'étant guère, pour ainsi dire, que l'organe par lequel l'esprit entre en contact avec les choses du monde matériel de manière à faire servir à son but la matière et les forces de la nature. C'est l'esprit, c'est l'intelligence raisonnable qui est l'âme du travail, l'agent essentiel de la production.

Le droit de propriété privée s'attache donc indiscutablement aux choses créées par la raison et la prévoyance humaine. Mais elle ne saurait s'attacher aux choses qui ont pour auteur la raison et la prévoyance de Dieu !

Un exemple : supposons une troupe d'hommes tra-

versant le désert comme les Israélites lors de leur
fuite d'Égypte. Certains d'entre eux ayant eu la prévoyance de se munir d'une provision d'eau, c'est bien
un juste droit de propriété qu'ils ont sur l'eau qu'ils
ont ainsi fait suivre ; et dans la brûlante traversée
du désert sans eau leurs compagnons imprévoyants
peuvent bien leur demander un peu d'eau au nom de
la charité ; ils ne sauraient le faire au nom du droit.
Si l'eau en elle-même est un effet de la Providence
de Dieu, la présence de l'eau dans le désert, ces vaisseaux qui la renferment, sont l'effet de la prévoyance
des hommes qui les ont fait suivre avec eux. Et ainsi
ils ont sur cette eau un droit exclusif.

Mais supposons que d'autres mettent leur prévoyance à pousser de l'avant et à s'approprier les
sources, refusant à leurs compagnons tard venus de
les laisser boire sauf contre paiement. Une telle prévoyance donnerait-elle quelque droit ?

Très-Saint Père, ce n'est pas la prévoyance qui
consiste à porter de l'eau là où il en est besoin mais
celle qui consiste à s'emparer des sources, que vous
cherchez à défendre en défendant la propriété privée
de la terre !

Laissez le moi montrer plus nettement encore : il
vaut la peine de répondre d'avance à ceux qui disent
que si la propriété privée de la terre n'est pas juste,
du même coup la propriété privée des produits du
travail n'est pas juste, puisque c'est de la terre
qu'est prise la matière de ces produits. Tout dans la
production humaine est analogue à ce transport de
l'eau dans le désert que nous avons imaginé. Dans le
grain qui croît, les métaux qu'on fond, les maisons
qu'on construit, les vêtements qu'on tisse, dans n'im-

porte laquelle des choses qui constituent la production, toute que l'homme fait c'est de changer de place une matière preéxistante ou d'en modifier la forme. Comme producteur, l'homme ne crée pas, il ne fait que modifier; Dieu seul crée. Et puisque ces modifications qui constituent la production humaine restent inhérentes à la matière tout le temps de leur durée, au regard du droit de propriété privée l'essence est inséparable de l'accident et le droit de propriété s'applique aussi bien à la matière première, fournie par la nature, dans laquelle s'incorpore le travail de production. Ainsi l'eau qui, sous sa forme et son lieu d'origine, est le don de Dieu à tous les hommes indistinctement, transportée de son réservoir naturel dans le désert devient légitimement la propriété de l'individu qui l'a changée de place et l'a transportée là.

Mais ce droit de propriété n'est, en réalité, qu'un droit de possession temporaire. L'homme peut prendre des réservoirs de la nature la matière première et la changer de lieu ou de forme pour l'adapter à ses besoins; du moment qu'il y a passé une première fois, il tend à revenir y puiser encore. Le bois se gâte, le fer se rouille, la pierre se désagrège et se déplace; de ces produits éphémères les uns durent seulement quelques mois, d'autres quelques jours et quelques autres disparaissent immédiatement par l'usage. Autant que nous pouvons nous en rendre compte, la matière est éternelle; la force persiste toujours; nous ne pouvons anéantir ni créer la plus légère particule flottant dans un rayon de soleil, l'impulsion à laquelle la feuille obéit; et cependant dans le flux et reflux incessant de la nature, le travail de l'homme, ses combinaisons et ses déplacements de matière ne font que passer.

La propriété reconnue de la matière naturelle, qu'on trouve au fond des produits humains, ne constitue rien de plus qu'une possession temporaire et n'a rien à voir avec le réservoir de forces commun à tous. Prendre de l'eau d'un lieu pour la porter dans un autre ne réduit en rien la réserve qui en existe; bue, gaspillée, ou abandonnée à l'évaporation, de toute façon elle rentre dans les réservoirs de la nature; et il en est ainsi de toutes les choses sur lesquelles l'homme au cours de la production peut laisser l'empreinte de son travail.

Lorsque vous dites que la raison humaine lui confère le droit d'avoir en stable et permanente possession non-seulement les choses qui périssent par l'usage mais celles qui restent pour l'usage des générations futures, vous avez raison dans la mesure où sont assimilables des choses, comme les bâtisses, qui avec des réparation dureront quelques générations et celles qui, comme la nourriture ou le bois à brûler, s'évanouissent immédiatement par l'usage. Quand vous concluez que l'homme peut avoir la propriété privée de ces choses éternelles de la nature qui sont les réservoirs d'où il faut tout tirer, vous êtes manifestement dans l'erreur. On peut, à la vérité, tenir en propriété privée les fruits de la terre produits par notre travail. Ces fruits perdent avec le temps l'empreinte de ce travail et retournent aux réservoirs de la nature d'où ils sont sortis; et ainsi le fait de leur possession à titre privée ne lèse pas les autres hommes. On ne saurait de la même façon posséder la terre elle-même; car c'est le réservoir dont il nous faut constamment tirer non-seulement les matériaux indispensables pour produire mais même nos propres corps.

La raison décisive pour laquelle nous ne pouvons pas prétendre un droit de propriété sur la terre elle-même comme sur les fruits que notre travail lui fait rendre, vous la donnez vous même quand vous dites avec grand raison :

« Les nécessités de l'homme ont de perpétuels retours : satisfaites aujourd'hui, elles renaissent demain avec de nouvelles exigences. *Aussi la nature doit-elle à l'homme un réservoir qui ne fasse jamais défaut, et fournisse quotidiennement à ses besoins de chaque jour. Et ce réservoir ne peut être que la terre avec ses ressources toujours fécondes.* »

Par *homme* vous entendez *tous les hommes.* Ce que la nature doit à tous les hommes peut-il devenir la propriété privée de quelques hommes qui auraient le droit d'en priver les autres ?

Permettez-moi d'insister sur les termes dont Votre Sainteté se sert. « La *Nature* donc doit à l'homme un réservoir qui ne manque jamais. » Par *Nature* vous voulez dire *Dieu.* La pensée que vous exprimez, qu'en nous créant Dieu a contracté l'obligation de nous pourvoir d'un réservoir inépuisable, est la même que celle qu'exprime en en tirant toutes les conséquences l'évêque de Meath.

« Dieu agissait en parfaite liberté, lorsqu'il nous créa ; mais nous ayant créés, il s'obligea par cet acte à nous donner les moyens de pourvoir à notre subsistance. La terre est la seule ressource de cette sorte que nous connaissions. Aussi la terre de chaque pays est-elle la commune propriété du peuple de ce pays, parce que son véritable propriétaire, Dieu qui la crée, leur en a volontairement fait don. « Terram autem dedit filiis hominum. » Chaque habitant de ce pays étant une créature et un enfant de Dieu et toutes ses créatures étant égales à ses yeux, toute appropriation du territoire d'un peuple dont l'effet serait d'exclure de sa part de l'héritage commun le plus humble habitant du pays, serait *non seulement une injustice et un tort vis à vis de cet homme mais de plus* UNE RÉSISTANCE SACRILÉGE AUX BIEN- VEILLANTES INTENTIONS DE SON CRÉATEUR.

3. *Que la propriété privée de la terre n'interdit à personne l'usage de la terre.*

Votre proposition que la terre est l'inépuisable réservoir que Dieu doit à l'homme, a sans doute sus- cité en votre esprit, en ce qui concerne le fait de son appropriation privée, d'embarrassantes questions : car, comme pour vous rassurer vous-mêmes, vous voulez démontrer que sa possession exclusive par quelques-uns ne lèse pas les autres. Vous dites, en substance, que même partagée entre un petit nombre de propriétaires, la terre ne cesse pas de fournir aux besoins de tous, puisque ceux qui ne possèdent pas le sol peuvent par la vente de leur travail recevoir en paiement les produits de la terre.

Supposons que quelqu'un soumette au jugement de Votre Sainteté le cas de conscience suivant :

Nous sommes plusieurs enfants auxquels notre père a laissé un champ suffisant pour nous nourrir. Comme ce dernier ne nous a assigné spécialement aucune part, nous laissant le soin de fixer nous-mêmes les limites de nos parts respectives, j'ai, moi l'aîné, revendiqué tout le champ comme ma propriété exclusive. Mais, ce faisant, je n'ai pas frustré mes frères des avantages qu'ils peuvent avoir de ce chef, car je les laisse travailler ce champ à mon compte et sur les produits je leur paie exactement les mêmes gages que j'aurais payé à des étrangers. Y a-t-il là quelque chose qui ne soit parfaitement limpide ? »

Quelle serait votre réponse ? Ne lui diriez-vous pas qu'il est en état de péché mortel et que ses excuses ajoutent à la gravité de sa faute ? Ne le pousseriez-vous pas à restituer et à faire pénitence ?

Ou bien, supposez que vous ayiez à gouverner au point de vue temporel une terre sans pluie comme l'Égypte, où l'on ne trouve ni sources, ni ruisseaux, mais, pour parer à tous les besoins, un fleuve bienfaisant comme le Nil. Supposons que vous ayiez envoyé certains de vos sujets féconder cette terre, avec la recommandation de bien agir et de prospérer, et qu'il vous soit rapporté que quelque uns d'entre eux, revendiquant la propriété du fleuve, refusent aux autres la moindre goutte d'eau, sauf contre paiement d'une somme, et qu'ils sont ainsi devenus riches sans travail ; pendant que les autres peinent ferme et ont tout juste de quoi vivre rendus misérables par ce qu'ils sont obligés de payer pour l'usage de l'eau.

Ne ressentirez-vous pas à ce rapport une vive indignation ?

Supposez que les propriétaires du fleuve envoient alors vers vous et s'excusent ainsi :

« Le fleuve, bien qu'objet de propriété privée de la part de quelques-uns, ne cesse pas pour cela de fournir aux besoins de tous, car quiconque boit, boit de l'eau du fleuve. Ceux qui ne possèdent pas l'eau du fleuve achètent de leur travail le droit d'y participer. On peut dire en toute vérité que toute l'eau qui est bue provient pour chacun soit directement du fleuve, sa propriété, soit de quelque travail particulier, en retour duquel il touche de l'eau ou tout autre objet qu'il échange contre de l'eau.

L'indignation de Votre Sainteté serait-elle calmée ?

Ne serait-elle pas plus vive encore de l'insulte faite ainsi à votre intelligence ?

Je n'ai pas besoin de montrer plus clairement à Votre Sainteté que, entre priver absolument un homme des dons de Dieu et le priver de ses dons sauf pour lui à les acheter, il n'y a d'autre différence que celle qui existe entre le voleur qui met à mort sa victime et le voleur qui la met à rançon. Mais j'aimerais à montrer comment votre proposition que « la terre partagée entre un petit nombre de propiétaires ne cesse cependant pas de fournir aux besoins de tous » ne tient pas compte des faits les plus importants.

De votre palais du Vatican l'œil peut embrasser l'é-tendue de la campagne romaine où les pieux efforts des congrégations religieuses et ceux de l'État com-mencent à peine à rendre l'existence possible pour les hommes. Il fut un temps où cette plaine était cultivée par une population de robustes pères de famille et parsemée de riants hameaux. Pour quelle raison cette désertion de tant de siècles ? L'histoire nous le dit. La cause c'est la propriété privée de la terre, le déve-loppement de ces grands domaines dont Pline disait que mourait la vieille Italie. Cette cause, qui, empê-chant de se lever de riches moissons d'hommes, donna accès aux Goths et aux Vandales, abandonna aux sec.

tateurs d'Odin et de Thor la Bretagne romaine, et
dans les régions, qui furent autrefois les riches et
populeuses provinces de l'Est, décima les rangs clair-
semés des légions, paralysa leurs âmes impuissantes
contre le cimeterre musulman, et sur le St-Sépulcre et
à Ste-Sophie planta le croissant sur la croix gisante !

Si vous allez en Écosse vous verrez de grandes
étendues de pays qui nourrissaient autrefois sous le
couvert de la tenure gaëlique, reconnaissant le
droit pour chacun à un établissement sur le sol, une
population de robustes hommes ; vous verrez ces
mêmes étendues de pays, par suite de la reconnaissance du droit de propriété sur la terre, abandon-
nées aujourd'hui aux animaux sauvages. Si vous
allez en Irlande vos évêques vous montreront sur les
terres, où maintenant paissent seules les bêtes, les
traces de hameaux peuplés, lors de leur premières
années de prêtrise, de tout un peuple plein d'honnêteté, de bonté, de religion.

Si vous voulez venir aux États-Unis vous verrez
grandir sur une terre, assez vaste et assez riche pour
entretenir dans l'aisance toute la population de
l'Europe, un mauvais sentiment de défiance contre
le mouvement d'immigration. La rareté artificielle,
conséquence de la propriété privée de la terre, a
l'effet de nous faire croire qu'il n'y a déjà peut être
pas assez de place et de travail pour tous.

Allez aux Antipodes; et en Australie comme
en Angleterre vous pourrez voir que la propriété
privée de la terre a pour effet de laisser la terre
stérile et de pousser à l'agglomération de la masse
des hommes dans les grandes cités. Allez n'importe
où vous voudrez. Partout où les forces déchaînées

par l'invention moderne commencent à se faire sentir, partout vous pouvez voir que la propriété privée de la terre est une malédiction; la malédiction qu'annonce le prophète, qui pousse les hommes à joindre champ à champ de manière à rester seuls au milieu de la terre déserte.

Pour les purs matérialistes c'est là un péché et une honte. Irons-nous, nous pour qui le monde est le monde de Dieu, nous qui croyons que l'homme est mis sur cette terre pour se préparer à une vie plus haute, irons-nous défendre une semblable chose?

4. Que le travail incorporé dans la terre donne la propriété de la terre elle-même.

Votre Sainteté prétend ensuite que le travail consacré à la terre donne un droit de propriété sur la terre elle-même et que le travail incorporé à la terre crée des avantages qu'il est impossible de distinguer et de séparer de la terre elle-même.

Cette proposition, si elle était véritable, pourrait justifier la propriété de la terre en faveur de ceux dont elle reçoit le travail. Elle ne justifie pas la propriété de la terre, telle qu'elle existe. Ce serait, au contraire, la légitimation d'une gigantesque abolition de rentes ayant pour effet de prendre la terre à ceux qui maintenant légalement la possèdent pour la remettre aux mains des tenanciers et des laboureurs. S'il n'est pas possible de distinguer et de séparer de la terre elle-même les améliorstions réalisées, comment les landlords pourraient-ils prétendre qu'il leur soit tenu compte des améliorations qu'ils auraient faites eux-mêmes?

Mais Votre Sainteté ne peut pas vouloir dire ce qu'implique le sens littéral des termes. Ce que vous prétendez, du moins je le crois, c'est que la justification première, le titre du droit de propriété de la terre c'est le travail dépensé. Mais cela ne saurait non plus justifier le droit de propriété privée sur la terre, tel qu'il existe. Car n'est-il pas universellement vrai que les titres de propriétés immobilières existant ne dérivent pas de l'usage, mais de la force ou de la fraude ?

Prenez l'Italie. N'est-il pas vrai que la plus grande partie de la terre italienne est aux mains de ceux qui, loin d'avoir arrosé le sol de leurs sueurs, se sont simplement approprié les fruits du travail des autres? Cela n'est-il pas vrai de la Grande Bretagne et des autres pays? Même aux États-Unis, où la concentration des biens n'a pas encore eu le temps de se faire pleinement et où ont eu lieu quelques tentatives de donner la terre à ceux qui l'utilisent, il est sans aucun doute vrai aujourd'hui que la plus grande partie de la terre est entre les mains de ceux qui ni ne l'utilisent ni ne se proposent de l'utiliser et qui ne la détiennent que pour contraindre les autres à leur acheter la faculté de s'en servir.

Et si le travail confère le droit de propriété sur la terre, quelles sont les limites de cette propriété? Si un homme peut acquérir la propriété de plusieurs milles carrés de terrain en y faisant pâturer ses moutons, conserve-t-il, et ses héritiers après lui, la propriété de cette même étendue de terre si par hasard on vient à découvrir là de riches mines? ou si l'accroissement de la population et les progrès de la société nécessitent l'emploi de ce terrain pour la cul-

ture, le jardinage, pour l'agrandissement d'une popu-
leuse cité? C'est-il sur les droits que peut conférer le
travail à ceux qui les premiers ont utilisé ce terrain
pour la culture des pommes de terre, ou l'élevage du
bétail, que vous allez établir la propriété exclusive
du terrain que couvre actuellement la cité de
New-York et qui vaut des milliers de millions de
dollars?

Mais il n'est pas vrai que votre proposition soit
juste jusqu'à un certain point et dans certaines limites. Le travail incorporé à la terre confère un droit
de propriété sur les fruits de ce travail mais non sur
la terre elle-même: tout comme l'industrieuse activité de l'homme sur la mer lui confère un droit de propriété sur le poisson qu'il a pris et non un droit de
propriété sur la mer. Il n'est pas vrai non plus que la
propriété privée de la terre soit nécessaire pour assurer
la jouissance des fruits du travail; il n'est pas vrai
que le travail incorporé crée des biens qu'on ne saurait distinguer ou séparer de la chose même.

Que la sécurité de possession soit nécessaire pour user
de la terre et y faire des travaux d'amélioration, je me
suis déjà expliqué sur ce point; mais que la propriété ne
soit pas nécessaire, ce fait le met suffisamment à jour
que dans tous les pays civilisés la terre est la propriété
d'une personne et qu'elle est cultivée et fécondée par
d'autres. La plus grande partie des terres cultivées
aux îles Britanniques comme en Italie et dans les autres contrées, n'est pas cultivée par les propriétaires
mais les tenanciers. Et de même les constructions les
plus somptueuses sont élevées par des personnes qui
n'ont pas la propriété de la terre, mais qui tiennent
un droit de possession temporaire sous condition de

certaines redevances. Presque toute la citée de Londres a été construite de cette manière ; et à New-York, Chicago, Denver, Saint-Francisco, Sidney et Melbourne, aussi bien que dans les villes du continent, on trouve que les personnes auxquelles appartiennent la plupart des plus importantes constructions ne sont pas celles auxquelles revient la propriété du sol. Ainsi, loin que la valeur des améliorations soit inséparable de la valeur du sol, ces deux valeurs sont dans les transactions quotidiennes constamment séparées. Par exemple, la moitié de l'emplacement du Grand Hôtel Pacifique à Chicago vient d'être récemment vendue indépendamment de l'édifice ; et à Ceylan ce n'est pas un cas rare de voir une personne avoir la propriété d'un arbre à fruit et une autre celle du champ dans lequel il se trouve.

En réalité il n'y a aucun travail, défrichement, labourage, fumure, établissement de celliers, construction de maison, capture de source qui, quelle que soit sa durée, n'ait une valeur nettement discernable de celle de la terre. Car des terres avec de semblables travaux se vendront ou se loueront toujours plus que les mêmes terres à l'état de nature.

En levant une taxe égale à la valeur de la terre indépendamment des travaux faits, l'État ne fera que prendre les avantages de la seule propriété pour laisser aux détenteurs tous les bénéfices de la jouissance et des améliorations faites : ce que ne font pas les systèmes en vigueur. Le tenancier continuant toujours pour la forme à être propriétaire pourrait, à tout instant, donner ou vendre tout à la fois la possession du sol et les améliorations faites, à la charge par lui de payer l'unique impôt établi par l'État sur la valeur de la terre, c'est-à-dire pourrait tout à son aise céder ou retenir intégralement ce que son travail ou l'incorporation de capitaux lui ont donné en pleine propriété sur le sol.

Ainsi nos plans assureraient comme d'aucune autre manière ce résultat que vous dites avec raison juste et bon : « le retour au travailleur des produits du travail. » Mais la propriété privée de la terre — c'est-à-dire le fait d'accorder au détenteur de la terre le droit de prendre pour lui le bénéfice de la valeur qui s'attache à la terre avec le développement et le progrès social — a pour effet d'enlever au travailleur les fruits de son travail, de prendre les fruits du travail de l'un pour en faire jouir l'autre. C'est le travail qui est le facteur actif, qui produit la richesse. La propriété à elle seule ne produit rien. Un homme pourrait posséder un monde, le décret divin « tu mangeras ton pain à la sueur de ton front » est tellement impérieux que sans travail il ne pourrait se procurer la moindre nourriture ou se pourvoir du moindre vêtement. Aussi quand les propriétaires de la terre, en vertu de leur droit de propriété et sans travailler eux-mêmes, ont en abondance des produits du travail, il faut bien que ces choses proviennent du travail d'autrui ; il faut que ce soient le fruit de la sueur des autres, qu'ils aient été pris à ceux qui y ont un droit et donnés à ceux qui n'y ont aucun droit.

La seule utilité de la propriété privée de la terre, en tant que distincte de la possession, c'est l'utilité mauvaise de donner au propriétaire les produits du travail qu'il ne mérite pas. Car tant que la terre ne laisse pas à son propriétaire un revenu supérieur au

montant du travail et du capital qu'on y incorpore —
c'est-à-dire tant que par vente ou location il ne peut
pas obtenir, sans dépense de travail de sa part, une
partie des fruits du travail, la propriété n'est rien
plus qu'une possession garantie et sûre, et n'a aucune
valeur. Son importance et sa valeur s'accusent seulement lorsque soit immédiatement soit plus tard elle
donne un revenu, c'est-à-dire lorsqu'elle permet au
propriétaire, en tant que propriétaire, de participer
aux produits du travail sans dépense de travail de sa
part et de jouir ainsi des fruits du travail d'un autre.

Ce qui, dans une large mesure, empêche les hommes de donner corps au vol qu'implique la propriété
privée de la terre c'est que dans les cas les plus frap-
pants le vol est commis au détriment non des individus mais de la communauté. Il est impossible, en
effet, comme je l'ai expliqué plus haut, qu'en ce qui
concerne la rente au sens économique du mot la
valeur qui s'attache à la terre en raison du développement et du progrès social aille à celui
qui ne fait qu'utiliser le sol. Cette valeur ne peut
aller qu'au propriétaire ou à la communauté. De la
sorte que ceux qui paient d'énormes rentes pour l'u-
sage du sol dans des centres comme Londres ou New-
York ne sont pas personnellement lésés. Individuellement ils reçoivent exactement la contre-partie de
ce qu'ils donnent; et ils doivent bien se rendre compte
qu'ils n'ont à jouir sans payer des situations particulièrement avantageuses pas plus de droit que des
milliers d'autres individus. Ce qui fait qu'indifférents
aux intérêts de la communauté, ou les ignorant, ils
ne voient aucune objection à faire au système.

Il vint récemment à la connaissance du public de

New-York qu'un homme, sans titre aucun, avait
pendant plusieurs années perçu la rente d'une pièce
de terre à laquelle l'accroissement de la cité avait
donné un grand prix. Ceux qui payaient ces rentes
ne s'étaient jamais demandé s'il y avait vraiment
droit ou non. Ils avaient le sentiment qu'ils n'avaient
aucun droit à cet emplacement, dont tant d'autres
aimeraient à jouir sans payer, et ils n'avaient pas
l'idée ou ils n'avaient pas souci des droits de tous.

*5. La propriété privée de la terre a pour elle
l'opinion générale du genre humain; elle a mené
à la paix et à la tranquillité et elle a reçu la sanction de la loi divine.*

Même fût-il vrai que l'opinion générale du genre
humain est pour la propriété privée de la terre,
cela ne prouverait pas plus la légitimité de l'institution que la pratique du monde entier n'établirait
la légitimité de l'esclavage.

Mais il n'en est pas ainsi. Les faits montrent, à
quelque époque que nous puissions remonter, que
les premiers sentiments des hommes ont toujours
été de reconnaître un égal droit de tous à la propriété de la terre, et que, lorsqu'il devint nécessaire,
pour assurer la propriété des produits du travail,
d'établir un droit de possession individuelle, on sut
en même temps trouver le moyen, convenable à ce
degré de développement social, d'assurer l'égalité.
Ainsi chez quelques peuplades la terre, consacrée à
la culture, était l'objet d'un partage périodique; on
possédait en commun les pâturages et les forêts.
Chez d'autres, chaque famille occupait la terre néces-

saire à son établissement et à sa culture. Mais cessait-elle un instant d'en faire usage ? Aussitôt tout autre individu pouvait s'y établir et la détenir de même. A ces dispositions se rattachent les lois du Code mosaïque. La terre, au début équitablement partagée entre les citoyens, devint inaliénable par l'effet du jubilé, qui tous les 50 ans assurait dans le cas de vente son retour aux descendants du propriétaire originaire.

La propriété privée de la terre, telle que nous la connaissons, cette jouissance sur la terre du même droit de propriété qui s'attache à juste titre aux fruits du travail, ne s'est jamais développée quelque part que par la violence et l'usurpation. C'est, comme l'esclavage, une conséquence de la guerre. Elle nous vient à nous modernes de nos ancêtres les Romains dont elle corrompit la civilisation et détruisit l'empire.

Puis, sous l'influence de l'esprit de liberté des peuples du Nord, ce furent les institutions composites du système féodal : au lieu de l'égalité on eut la dépendance, mais il subsista encore la vague reconnaissance du principe de l'égal droit de tous à la propriété de la terre. Le fief était un dépôt ; au droit d'en jouir était attaché le devoir de certaines obligations. Le souverain, représentant le peuple tout entier, était le seul propriétaire du sol. De lui tenaient *immédiatement* ou *médiatement* les possesseurs, à charge de *droits* ou de redevances. Et ces redevances sous une forme grossière et imparfaite ne font qu'exprimer l'idée qui nous inspire le plan de notre impôt unique, celle de prendre pour l'usage public la valeur de la terre. Les terres de la cou-

ronne défrayaient le souverain et la liste civile; les
terres d'église pourvoyaient aux frais du culte et de
l'instruction, du soin des malades et des enfants
abandonnés; tandis que sur les terres militaires
retombait le poids de la défense nationale et de
toutes les dépenses de la guerre. Une quatrième et
considérable portion du sol restait propriété commune, la population du voisinage ayant droit d'y
faire paître son bétail, d'y prendre le bois nécessaire, de l'utiliser en commun pour tout autre
usage.

C'est dans cette reconnaissance partielle, décisive
pourtant, des droits de tous à la terre qu'on peut
trouver la raison pourquoi à une époque d'industrie
grossière, de guerres fréquentes, où sont inconnues
les grandes découvertes et les inventions de notre
temps, la condition du travailleur n'a rien de cette
écrasante pauvreté, la nôtre en dépit de nos merveilleux progrès. L'autorité la plus haute en semblable
matière, feu le professeur Thorold Rogers déclare au
sujet de l'Angleterre, qu'au XIIIme siècle il n'y a pas
de classe comparable, en fait de dénûment, d'abandon,
d'écrasement et de dégradation aux millions d'Anglais
de notre fameux dix-neuvième siècle, et que, sauf aux
époques de réelle famine, pas un travailleur, encore
plus pauvre, n'avait pas à redouter pour sa femme et
ses enfants, même dans l'hypothèse de sa disparition,
les extrémités du besoin. Rude et sombre à bien des
égards, ce temps était le temps où s'élevaient cathé-
drales, églises et couvents, dont les ruines excitent
encore notre admiration, le temps où l'Angleterre
n'avait pas de dette nationale, pas de loi des pauvres,
pas d'armée permanente, pas de miséreux de con-

dition, pas de milliers et de milliers d'êtres humains se levant le matin sans savoir où reposer leur tête le soir.

La décadence du système féodal marque le triomphe du système de propriété privée de la terre, auquel Rome dut sa perte. En ce qui concerne l'Angleterre, disons brièvement que les terres de la Couronne furent en grande partie données aux favoris; que les terres d'Église furent partagées par Henry VIII entre ses courtisans et en Écosse usurpées par les nobles; que les charges militaires finirent par disparaître au dix-septième siècle, remplacées par des impôts de consommation; qu'enfin, des Tudors jusqu'à notre temps, les terres, sauf une petite fraction des biens communaux, n'ont cessé d'être envahies par les grands propriétaires. Pendant ce temps le même droit de propriété privée de la terre s'étendait sur l'Irlande et les Hautes Terres d'Ecosse moitié grâce à l'épée, moitié grâce à là fourberie des chefs. Les charges militaires mêmes, converties et non remises, auraient plus que suffi aujourd'hui à payer toutes les dépenses publiques, sans besoin d'un penny d'impôt.

Du Nouveau Monde, dont les institutions ne sont guère que la suite des institutions européennes, il nous faut seulement dire que le partage de la terre en vastes domaines explique la turbulence et l'esprit rétrograde de l'Amérique espagnole, les vastes plantations des États du Sud de l'Union, la persistance de l'esclavage dans cette région; tandis que le vieil esprit anglais rajeunissait dans les colonies situées plus au nord; la terre était équitablement partagée; et les tentatives d'instituer le régime seigneurial aboutissaient à peu de choses ou rien. C'est là le secret de la croissance plus vigoureuse des États du Nord. Mais l'idée que la terre devait être traitée comme propriété privée s'était complètement implantée en Angleterre avant la fin de la période coloniale ; et l'ensemble des États, de même que chaque état particulier, avaient agi en conséquence. Bien que tout d'abord la terre eut été vendue à vil prix et ensuite donnée aux vrais colons, on en céda aux spéculateurs des superficies considérables : des territoires tout entiers pour l'établissement de chemins de fer et d'autres buts semblable. Aujourd'hui le domaine public des État-Unis qui, il y a une génération à peine, semblait sans limite, n'existe pour ainsi dire plus. Cet état de choses, l'expérience des autres pays nous le montre, est, dans une communauté en voie de développement, la conséquence de la pratique qui fait de la terre une propriété privée. Lorsque la possession de la terre est synonyme d'appropriation de richesses non légitimement acquises par le travail, les forts et les peu scrupuleux se l'assurent. Mais si, comme nous le proposons, la rente économique, cet accroissement de richesse qui n'est pas le fruit du travail, est prise par l'État pour le bien de la communauté, la terre passera et restera aux mains des travailleurs, puisque, quelque grande que soit sa valeur, la possession n'en sera profitable que pour eux.

Quant à l'affirmation que la propriété privée de la terre a conduit à la paix et à la tranquillité le genre humain, nous n'avons qu'à relever le fait notoire que la lutte pour la possession de la terre a été l'abondante source des guerres et des procès ; et que d'autre part c'est la pauvreté, conséquence de la propriété privée de la terre, qui fait des prisons et des maisons de correction l'indispensable attribut de ce que nous appelons la civilisation chrétienne.

Votre Sainteté marque que la loi divine sanctionne la propriété privée de la terre, et cite cette parole du Deutéronome. « Tu ne convoiteras pas la femme de ton voisin, ni sa maison, ni son champ, ni son serviteur, ni sa servante, ni son bœuf, ni son âne, ni quoi que ce soit lui appartenant. »

Si, comme le veut Votre Sainteté, dans ces mots « *ni son champ* » il faut voir la sanction de la propriété privée de la terre, telle qu'elle existe de nos jours, combien, à plus forte raison, dans ces mots « ni son serviteur ni sa servante » devons-nous voir la sanction de l'esclavage ! D'autres dispositions du même code démontrent jusqu'à l'évidence que ces termes désignent tout à la fois les serviteurs engagés pour un temps et les vrais esclaves. Mais le mot « champ » emporte l'idée d'usage et d'améliorations, auxquels s'attachent un droit de possession et de propriété qui n'a rien à voir avec la reconnaissance du droit de propriété sur la terre elle-même. Il ne faut pas voir dans cette mention du « champ » la sanction de la propriété privée de la terre, telle qu'elle existe aujourd'hui : la preuve en est ce fait que le code de Moïse rejette expressément cette propriété absolue ; et qu'en disant « la terre ne sera pas vendue pour toujours, car elle m'appartient et vous êtes comme des étrangers qui ne faites que séjourner sur elle » il dispose un droit de retour de la terre au propriétaire originaire, tous les cinquante ans ; empêchant ainsi les hommes, par des moyens appropriés aux conditions industrielles primitives de ce peuple et de ce temps, d'être privés sur la terre de leur place au soleil.

En fait, nulle part dans les Écritures, on ne trouve la moindre justification d'un droit de propriété s'attachant à la terre comme elle s'attacherait aux produits du travail. Partout la terre est considérée comme le libre don de Dieu, comme « la Terre que le Seigneur, ton Dieu, t'a donnée. »

6. Que les pères doivent pourvoir aux besoins de leurs enfants et que la propriété privée de la terre est nécessaire à l'accomplissement de ce devoir.

Sur ce que vous dites de la sainteté de la famille je suis d'accord avec Votre Sainteté. Mais je ne puis voir comment le devoir du père vis à vis de l'enfant peut justifier la propriété privée de la terre. Vous raisonnez comme si la propriété privée de la terre était nécessaire au père pour l'accomplissement de ses devoirs; et qu'elle fût nécessaire et juste pour cette raison que « c'est une loi des plus saintes de la nature que le père doit pourvoir à l'entretien et à tous les besoins de ceux qu'il a engendrés; et qu'il fallût nécessairement que les enfants d'un homme qui portent, pour ainsi dire, et continuent sa personnalité tinssent de lui tout ce qui leur est honnêtement nécessaire pour leur conservation et pour se préserver de la misère et du besoin au cours des incertitudes de cette vie mortelle. Or un père ne peut réaliser cela que par la propriété d'un bien lucratif transmissible par héritage aux enfants ».

Grâce à Celui qui a uni entre elles les générations des hommes de manière à faire saluer notre entrée dans le monde des manifestations de l'amour le plus tendre et à entourer notre fin des douceurs de la piété filiale, le père met son devoir et sa joie à prendre soin de ses enfants tant qu'ils sont petits et plus tard par un renversement naturel des rôles, c'est le devoir et le privilége de l'enfant d'être le soutien de ses père et mère.

C'est là la raison naturelle de ce lien du mariage, le fondement des plus douces, des plus tendres, des plus pures des joies humaines, défendu par l'Église catholique avec une vigilance de tous les instants.

Les soins de notre père selon la chair nous sont indispensables pour un petit nombre d'années.

Mais combien peu de chose, passager, limité est ce besoin des soins paternels si nous le comparons avec notre constant besoin des soins de Celui en qui nous vivons, nous nous mouvons, nous existons, — notre Père qui êtes aux Cieux. C'est lui, « le distributeur de tout bien et de toute perfection » et non notre père selon la chair que le Christ nous enseigne à prier : « Donnez-nous aujourd'hui notre pain quotidien. » Combien il est vrai que c'est par lui qu'existent les générations des hommes ! Que la température moyenne de la terre s'élève ou s'abaisse de quelques degrés, un changement insignifiant comparé à nos écarts de laboratoire, et le genre humain disparaîtrait comme disparaît la glace aux rayons d'un soleil tropical, tomberait comme tombent les feuilles aux atteintes du froid.

Le devoir des pères de laisser à leurs enfants des biens qui rapportent pour les mettre à l'abri du besoin et de la misère au cours de cette vie mortelle ! Ce qui n'est pas possible ne saurait être un devoir. Et comment est-il possible aux pères de faire cela ? Votre Sainteté n'a pas pris garde combien le genre humain,

en réalité vit au jour le jour, gagnant chaque jour
son pain de la journée; combien peu une génération
laisse et peut laisser à l'autre. On peut se demander
si tout compte fait la richesse du monde civilisé
représente bien plus que le travail d'une année : il
est certain que si le travail s'arrêtait et que tous les
hommes se contentassent de la masse des produits
existants, il faudrait bien peu de jours pour que
dans les contrées les plus riches la peste et la famine
régnassent en maître.

Cette propriété qui rapporte, dont parle Votre
Sainteté, est la propriété privée de la terre. Et la
terre qui rapporte, tous les économistes en conviennent, est la terre supérieure à celle que le commun
des hommes peut obtenir. C'est la terre qui donnera
un revenu au propriétaire en tant que propriétaire,
et conséquemment qui permettra au propriétaire de
s'approprier les produits du travail sans travailler;
les avantages de son appropritation pour l'individu
emportant la spoliation d'autres individus. Il n'est
possible qu'à quelques pères de famille de laisser à
leurs enfants la propriété utile de la terre. Votre
Sainteté déclare que c'est le devoir de tous les pères
de s'efforcer de laisser à leurs enfants ce qu'un petit
nombre seul d'individus, particulièrement bien
doués, heureux et peu scrupuleux, peuvent laisser.
Et cela une chose qui implique la spoliation des
autres, — leur privation des dons temporels de Dieu.

Cette doctrine anti-chrétienne a été longtemps en
pratique dans le monde chrétien. Quels sont ses
résultats?

Ne sont-ce pas ces mêmes maux que vous signalez
dans votre Encyclique? Loin de mettre les hommes

à l'abri du besoin et de la misère au cours de cette vie mortelle, ne condamnent-ils pas au contraire la grande masse au besoin et à la misère que ne comporte nullement notre vie mortelle? à un besoin et à une misère plus profonde et plus générale que la misère des sauvages non chrétiens? Sous le régime de la propriété privée de la terre et dans les pays les plus riches il n'y a qu'une proportion de 5 pour 100 de pères de famille à même de laisser à leurs enfants un bien appréciable et probablement le grand nombre ne laisse pas de quoi se faire enterrer. Un petit nombre d'enfants se trouvent à la mort de leur père plus riches qu'il ne faudrait pour leur bien; mais le grand nombre non-seulement n'héritent rien de leur père mais sont encore privés par l'effet de notre système de propriété privée de la terre dés dons de leur Père céleste; forcés d'implorer d'autrui la grâce de vivre et de travailler et de peiner toute leur vie pour une pitance qui leur permet à peine d'échapper à la misère noire et à la faim.

Ce que demande en réalité Votre Sainteté, sans s'en rendre compte, c'est que le père selon la chair assume le rôle du Père céleste.

Ce n'est pas l'affaire d'une génération de pourvoir aux besoins de la génération suivante, de lui procurer « tout ce qui peut lui permettre de se mettre à l'abri du besoin et de la misère ». C'est l'affaire de Dieu. Nous ne sommes pas plus les créateurs de nos enfants que nous ne sommes les créateurs de nos pères. C'est Dieu qui est l'auteur de la génération qui suit comme de celle qui précède. Et pour citer vos propres paroles : « La nature (Dieu) doit donc à l'homme une réserve qui ne manque jamais, et qui chaque jour fournisse à ses besoins du jour. Cette réserve nous la trouvons seulement dans l'inépuisable fécondité de la terre. » Ce que vous admettez maintenant, c'est que c'est le devoir de l'homme de pourvoir aux besoins de ses enfants en s'appropriant ce fonds de réserve et en privant les enfants des autres hommes des ressources inépuisables que Dieu a mises à la disposition de tous.

Le devoir du père vis-à-vis de son enfant, — le devoir possible pour tous les pères ! N'est-ce pas de l'élever, de le nourrir et de lui enseigner qu'il doit arriver à l'âge mur sain de corps, développé d'esprit avec des habitudes de vertu, de piété, d'industrieuse activité pour vivre dans un état de société qui lui rendra tout cela en lui donnant libre accès aux dons de Dieu et aux faveurs du Père de tous les hommes ?

En agissant ainsi le père ferait plus pour mettre son fils à l'abri de la misère et du besoin que ne peut faire à l'heure actuelle le plus riche de tous les pères ; il ferait plus dans la mesure où la providence de Dieu surpasse celle de l'homme. La justice de Dieu se rit des efforts par lesquels l'homme prétend la tourner ; et la subtile loi, qui fait les hommes solidaires, fait des souffrances du pauvre un poison pour le riche. Ces quelques individus, capables dans le combat de la vie de laisser à leurs enfants cette fortune qu'ils s'imaginent bonnement devoir les préserver de la misère et du besoin — atteignent-ils au moins le but ? L'expérience montre-t-elle que ce soit un bienfait pour l'enfant de l'élever au-dessus de ses semblables et de lui faire croire que la loi divine du travail n'est pas faite pour lui ? Cette richesse n'est-elle pas plus souvent une malédiction qu'une bénédiction ? N'arrive-t'il pas que les espérances qu'elle fait naître détruisent l'amour filial et allument le brandon des haines au sein de la famille ? Et dans quelle mesure et pour combien de temps les plus puissants et les plus riches sont-ils capables d'exempter leurs enfants du sort commun ? Il n'y a rien de plus certain que ce fait, que le sang des maîtres du monde coule aujourd'hui dans les veines de lazzarones, et que les descendants des rois et des princes sont les habitués des bouges et des maisons de pauvres.

Mais dans l'état social que nous voulons, où serait évité le gaspillage et le monopole des dons de Dieu, où les fruits du travail iraient au travailleur, tout le monde pourrait en travaillant raisonnablement se faire une vie plus que confortable. Quant à ceux qui seraient estropiés ou incapables, ou privés de leurs protecteurs naturels chargés de les faire vivre, rien de plus facile que de pourvoir à leurs besoins sur le fonds considérable, toujours croissant, que Dieu par sa loi de la rente a mis à la disposition de la société, non pour être distribué en maigres aumônes qui dégradent, mais comme un secours obligé que la société, dans un état chrétien, doit à chacun de ses membres.

C'est ainsi que le devoir du père, ses obligations vis-à-vis de l'enfant, au lieu d'être en faveur de la propriété privée de la terre, en sont la condamnation la plus stricte et nous poussent le plus fortement à vouloir l'abolition de ce droit par le moyen aussi simple qu'efficace de l'impôt unique.

Ce devoir du père, cette obligation vis-à-vis des enfants, ne concerne pas seulement ceux qui en fait ont des enfants, mais tous ceux qui sont d'âge et qui doivent compte des forces de leur maturité.

Jésus-Christ n'a-t-il pas dit, plaçant un petit enfant au milieu de ses disciples, que les anges de ces petits contemplent continuellement dans les cieux la face de son père et n'a-t-il pas ajouté qu'il vaudrait mieux pour un homme se suspendre une pierre au cou et couler au fond de la mer que de scandaliser un de ces petits?

Et quel est aujourd'hui le résultat de la propriété privée de la terre dans les plus riches des contrées réputées chrétiennes? N'est-ce pas que les jeunes gens craignent de se marier; que les gens mariés craignent d'avoir des enfants; que les enfants meurent faute de nourriture convenable et de soin ou sont forcés de travailler à un âge où le jeu et l'école devraient les prendre; que le grand nombre de ceux qui arrivent à l'âge mûr y arrivent avec un corps chétif, des nerfs détraqués, une intelligence misérable, toutes conditions qui les condamnent non seulement à la souffrance mais au crime, qui les prédestinent à la prison et à l'échafaud?

Si Votre Sainteté veut entrer dans cette ordre de considérations, nous avons la confiance qu'au lieu de défendre la propriété privée de la terre vous la condamnerez et vous la frapperez d'anathème.

7. Que la propriété privée de la terre stimule l'activité, accroît la richesse, attache les hommes au sol et à leur patrie.

L'idée d'Arthur Young que le « pouvoir magique de la propriété convertit en or les sables stériles » vient de la confusion, dont j'ai déjà parlé, de la propriété avec la possession ; confusion qui a pour effet d'attribuer à la propriété privée de la terre ce qui est le résultat de la sécurité dans la jouissance des produits du travail.

Je n'ai pas besoin de répéter ici que le changement que nous proposons : l'imposition pour l'usage public des valeurs de la terre, de la rente économique, et l'abolition des autres taxes, donnerait au détenteur du sol beaucoup plus de sécurité que le système actuel pour la jouissance des fruits de son travail et rendrait beaucoup plus durable la possession. Il n'est pas nécessaire non plus de montrer autrement comment la mesure donnerait un chez soi à ceux qui n'en ont pas et attacherait les hommes à leur pays. Avec ce système, en effet, tout homme ayant besoin d'un lot de terre pour en faire sa demeure ou exercer son industrie l'obtiendrait sans prix d'achat, pourrait même le détenir sans avoir à payer d'impôt : puisque la taxe que nous proposons ne frapperait pas indistinctement toute terre, même toute terre déjà occupée, mais seulement celle là qui a sur la plus pauvre des terres occupées un certain avantage, et qu'en réalité ce n'est pas une taxe mais simplement l'équivalent, payé à l'État, d'un privilège appréciable. D'autre part ceux-là mêmes qui par suite de la nature de leurs occupations ou tout autre circonstance resteraient étrangers à cette utilisation constante de la terre auraient au sort du fonds national et à la prospérité générale le même intérêt que les autres.

Mais, Très-Saint Père, j'aimerais surtout vous voir considérer combien contraire à la nature est la condition des masses populaires dans les pays chrétiens les plus riches et les plus développés ; combien nombreux sont ceux qui vivent dans des logements dans lesquels l'homme riche ne demanderait pas à son chien de rester; comment la grande majorité des hommes n'ont pas de chez soi dont il ne puisse dépendre d'un rien qu'on les chasse; comment beaucoup n'ont pas de chez soi du tout mais doivent attendre l'abri que le hasard ou la charité leur offre.

Je voudrais demander à Votre Sainteté de considérer que dans ces pays la grande majorité des hommes n'a aucun intérêt dans ce qu'on leur enseigne à appeler leur terre natale, pour laquelle, leur dit-on, ils doivent, le cas échéant, combattre et mourir. Quel droit par exemple ont le plus grand nombre de vos concitoyens sur la terre où ils sont nés ! Sauf en prison ou dans les maisons de pauvre, peuvent-ils vivre en Italie à moins d'acheter ce privilège des quelques propriétaires qui possèdent tout ? Et un Anglais, un Américain, un Arabe ou un Japonais ne peuvent-ils en faire autant ? On peut dire aujourd'hui ce que Tibérius Gracchus disait il y a des siècles : « Romains, on vous qualifie de maîtres du monde ; et vous n'avez pas droit à un pied carré de sol ! Les bêtes sauvages ont leur tanière, mais les soldats de l'Italie ont seulement l'eau et l'air ! »

Ce qui est vrai de l'Italie est vrai du monde civilisé et devient de plus en plus incroyablement vrai. C'est l'inévitable effet, à mesure que la civilisation progresse, de la propriété privée de la terre.

8. *Que le droit de propriété privée de la terre vient de la nature, non de l'homme; que l'État n'a pas le droit de l'abolir et que confisquer sous forme de taxe la valeur de la propriété de la terre serait commettre au regard du propriétaire une injustice et une cruauté.*

Il y a là, comme en bien d'autres endroits de votre
Encyclique, une obscurité résultant de l'emploi que
vous faites sans les définir des termes : propriété privée et propriétaire privé ; ce manque de précision
dans l'usage des termes a sans doute contribué à faire
la confusion dans votre propre pensée. Mais le con-
texte ne permet aucun doute : par propriété privée
vous entendez la propriété privée de la terre et
par propriétaire privé le propriétaire privé de la
terre.

Cette assertion expresse que la propriété privée de
la terre vient de la Nature, non de l'homme, n'a d'autre
base que la confusion de la propriété avec la possession et l'attribution à la propriété de la terre de ce
qui convient à l'autre sorte de propriété, la propriété
des fruits du travail. Vous n'essayez pas de lui trouver une autre base et personne ne l'a tenté avant
vous. Que la propriété privée des produits du travail
vienne de la Nature, cela va de soi; car la nature
accorde ces produits au travail et au travail seul. Il
n'y a pas un seul de ces produits qui ne soit, nous
le savons, comme une réponse de la Nature au
travail de l'homme ou des hommes, un don que
la Nature ne fait directement et exclusivement
qu'à lui ou à eux. Il y a bien là un droit de propriété privée qui a son principe et sa source à la
source de la propriété : l'auteur même de la chose.
Ce droit est antérieur à l'État, hors de son atteinte;
et, c'est notre conviction, l'État viole une loi naturelle et commet une injustice lorsqu'il taxe les
procédés et les produits du travail. Ce sont choses
n'appartenant pas à César. Ce sont choses que Dieu,
dont la Nature n'est que l'expression, donne à ceux

qui en poursuivent l'acquisition de la manière voulue par lui, par le travail.

Mais qui oserait dériver la propriété individuelle de la terre d'un don fait par l'auteur de la terre lui-même? sur quoi porte exactement ce don de la Nature? comment savons-nous qu'elle reconnaît ce droit? Est-ce de la différence d'esprit, de traits, de stature ou de complexion, de la dissection des corps, d'une description de leurs pouvoirs ou de leurs besoins que nous allons conclure que la Nature veut que l'un ait la propriété de la terre et que l'autre ne puisse vivre d'elle qu'à la condition d'être le tenancier du premier? Ce qui vient du fait de l'homme et passe comme lui, ce qui n'est que l'expression passagère de son travail, on peut le posséder et le tranférer à titre de propriété individuelle; mais comment ce droit de propriété individuelle peut-il s'attacher à la terre, la terre existant avant que l'homme fut et qui continue d'exister pendant que les générations d'hommes vont et viennent; la terre fonds de réserve inépuisable que le Créateur donne à l'homme « pour pourvoir à ses besoins de chaque jour » ?

Manifestement la propriété privée de la terre vient de l'État, non de la Nature. Non-seulement, au point de vue moral, on ne saurait faire aucune objection au projet de l'État d'abolir d'un coup la propriété privée de la terre, mais, dans la mesure où elle constitue la violation d'un droit naturel, où son existence comporte de la part de l'État une grande injustice, une violation sacrilège des bienveillantes intentions du Créateur, c'est un devoir moral pour l'État d'en réaliser l'abolition.

Loin donc qu'il y ait quelque injustice à prendre

pour l'usage de la communauté toute la valeur qui
s'attache à la propriété de la terre, la véritable
injustice consiste à la laisser dans les mains des particuliers, — une injustice qui implique la spoliation
et le meurtre.

Quand Votre Sainteté verra cela, je n'ai pas
peur qu'elle prête un instant l'oreille à l'impudente
prétention d'après laquelle, avant de pouvoir reprendre ce que Dieu lui a destiné et rentrer en possession des droits dont elle a été dépouillée, la communauté devrait commencer par désintéresser les
possesseurs actuels.

Vous vous rendrez compte que l'impôt unique
bénéficiera directement et largement aux petits propriétaires dont l'intérêt comme travailleur et ca-
pitaliste dépasse l'intérêt comme propriétaire ;
et que les grands propriétaires eux-mêmes —
ou plutôt la classe des propriétaires en général,
qui se partage à titre d'intérêts hypothécaires, de
rentes, etc. les profits de la propriété territoriale, —
tout en subissant une perte relative, finalement se
trouveraient encore gagner au changement sous le
rapport de la prospérité et du progrès moral. Mais
plus que tout, d'une manière plus forte, plus péremp-
toire que toutes les éventualités de gains et de pertes,
votre devoir comme homme, votre foi comme chrétien vous interdisent de tergiverser ainsi un seul
instant avec le droit et la justice.

Quand l'État prend quelque terre pour l'usage public, il n'est que juste qu'il désintéresse ceux dont il
confisque ainsi le sol. Autrement il arriverait que certains propriétaires seraient traités plus mal que d'autres. Mais dès qu'il s'agit d'une mesure commune à

tous, d'une confiscation de la rente au profit de tous, il ne saurait être question de compensation. La compensation dans ce cas ne serait que la continuation de la même injustice sous une autre forme, le don aux propriétaires sous forme d'intérêts de ce qu'ils avaient auparavant à titre de rente. Votre Sainteté sait qu'on ne joue pas ainsi avec la justice et l'injustice; et lorsque vous faites que la terre soit réellement le fonds de réserve que Dieu doit à tous ses enfants, vous ne devez pas plus prêter l'oreille à une idée de compensation que Moïse ne l'eût prêtée à toute proposition tendant à désintéresser Pharaon de la perte que lui ferait courir la fuite des Hébreux.

Une compensation! Pourquoi? Pour abandonner ce qu'ils avaient commis l'injustice de prendre? C'est là ce que signifie cette prétention des propriétaires à être désintéressés. Nous ne cherchons pas à dépouiller les Égyptiens. Nous ne faisons que demander qu'on rende aux travailleurs ce qu'on leur a injustement pris. Nous voulons que le passé soit passé; nous laissons les morts ensevelir leurs morts. Nous sommes prêts à laisser ceux qui ont pu dans le passé, grâce à l'appropriation de la terre, prendre les fruits du travail des autres jouir en paix de ce qu'ils ont acquis ainsi. Nous voulons simplement que cette spoliation cesse dans l'avenir; que pour l'avenir et non pour le passé les détenteurs du sol paient à la communauté la juste rente qui lui est due.

III

J'en ai dit assez pour montrer à Votre Sainteté l'injustice qu'il y a à nous classer, nous qui, en cherchant à abolir la propriété privée de la terre, n'avons d'autre but que de mieux assurer le véritable droit de propriété, avec ceux que vous désignez comme des socialistes qui voudraient faire communes toutes choses. Mais vous faites aussi tort aux socialistes.

Il y a des hommes, il est vrai, qui éprouvant un amer ressentiment des monstrueuses injustices de la présente distribution de la richesse, sont uniquement animés de l'aveugle haine du riche et d'un sauvage désir d'anéantir les arrangements sociaux existants. Cette classe d'hommes à vrai dire est moins dangereuse que la classe de ceux qui prétendent qu'aucune amélioration n'est ni désirable ni possible. Mais il n'est pas juste de confondre avec eux ceux qui, même se trompant, ont pour remédier aux choses tout un plan arrêté.

Les Socialistes tels que je les vois — et en tant que le terme désigne les partisans d'une théorie définie et ne s'applique pas indistinctement et improprement à tous ceux qui veulent une amélioration de la société, — ne poursuivent pas, comme vous l'admettez, l'abolition de toute propriété privée. Ceux qui pensent ainsi ce sont proprement les communistes. Ce que veulent les socialistes c'est la reprise par l'État du capital (dans lequel ils font vaguement et bien à tort figurer la terre) ou plus exactement des gros capitaux, et l'administration et la direction par l'État tout au moins de la grande industrie. Ils espèrent de cette manière abolir l'intérêt, qu'ils regardent comme une injustice et un mal; couper court aux profits des banquiers, des spéculateurs, des entrepreneurs et des intermédiaires qu'ils regardent comme un fléau; — mettre

fin au système des salaires et assurer partout le
triomphe de la coopération ; enfin prévenir la concurrence qu'ils estiment la principale cause de l'état de
dénuement du travail. Les plus modérés d'entre eux,
sans aller jusque là, tirent dans le même sens et cherchent dans la réglementation de l'État un remède ou
un palliatif aux pires formes de pauvreté. Le caractère
essentiel du socjalisme c'est qu'il voit dans l'extension
des fonctions de l'État le remède aux. maux de la
société ; qu'il voudrait substituer à la concurrence la
réglementation et la direction de l'État ; au libre jeu
du désir et de l'effort individuel le contrôle conscient
de la société organisée.

Bien qu'ordinairement non classés comme socialistes, les membres des Trades-Unions et les protection-
nistes présentent cependant le même caractère
essentiel. Les membres des Trades-Unions poursuivent l'augmentation des salaires, la réduction des
heures de travail, une amélioration générale de leur
condition de travailleurs salariés par le moyen d'une
organisation en *guildes* ou associations chargées de
fixer le prix de vente du travail, de traiter en tant
que corps avec les employeurs en cas de conflit, le
cas échéant d'avoir recours à l'arme obligée de la
grève, et de réunir dans ce but le plus de ressources
possibles pour pouvoir assister lorsqu'une grève ou
une période de chômage vient à se produire les membres de la corporation en cause. Les protectionistes
cherchent par des prohibitions gouvernementales ou
des taxes sur des importations à régler l'industrie et
à contrôler les échanges de chaque pays, de manière,
ils se l'imaginent, à développer l'industrie nationale
et à écarter la concurrence des autres peuples,

A l'extrême opposé sont les *anarchistes*, un terme,
qui fréquemment appliqué aux plus violents destruc-
teurs, désigne aussi ceux qui, voyant les maux d'une
gouvernementation excessive, regardent comme un
mal le gouvernement lui-même, et croient qu'en l'absence d'un pouvoir coercitif l'intérêt mutuel des
hommes assurerait par voie d'entente la coopération
nécessaire.

Bien différents de tous ceux-là sont ceux dont je
suis le porte parole. Considérant comme sacré le véritable droit de propriété nous verrions dans le communisme obligatoire une spoliation qui porterait la
ruine à sa suite. Mais nous ne voudrions pas nier que
le communisme volontaire peut être le plus parfait
état de société que les hommes puissent concevoir. Et
nous ne prétendons pas qu'il soit impossible au genre
humain d'y atteindre puisque dans la personne des
premiers chrétiens et des ordres religieux de l'Église
catholique nous avons des exemples de petites sociétés communistes. Saint Pierre et Saint Paul, Saint
Thomas d'Aquin et Fra Angelico, les illustres ordres
des Carmélites et des Franciscains, les Jésuites, dont
l'héroïsme a porté la croix au sein des plus sauvages
tribus des forêts américaines, les associations qui
partout où votre confession est connue n'ont estimé
trop dangereuse ou trop répugnante aucune œuvre
de pitié — furent ou sont *communistes*. Sachant cela,
nous ne pouvons nous risquer à réputer impossible
un état social dans lequel l'amour universel aurait
pris la place de tous les autres motifs. Mais nous
voyons que le communisme n'est possible que là où
existe une foi générale et intense et nous voyons
qu'un tel état suppose la réalisation d'un état de jus-

tice. Car avant d'être un saint il faut commencer par être un honnête homme.

Nous autres, qui en sommes venus, faute d'un meilleur terme, à nous appeler les hommes de la *taxe unique,* nous nous séparons à la fois des anarchistes et des socialistes. Nous estimons qu'ils se trompent en sens contraire, les uns en méconnaissant la nature sociale de l'homme, les autres en méconnaissant sa nature individuelle. Pénétrés de cette vérité que l'homme est d'abord un individu et que l'accomplissement par l'État de fonctions qui sont le propre de l'individu ne peut avoir que de désastreuses conséquences, nous ne méconnaissons pas d'autre part que c'est un animal sociable, que l'État est nécessaire au progrès social et a sa place marquée dans l'ordre de la nature. L'organisme humain étant pour nous l'analogue de l'organisme social et les fonctions de l'État l'analogue des fonctions accomplies dans le corps humain par l'intelligence consciente, tandis que le libre jeu de l'instinct et de l'intérêt individuel représente les fonctions que remplissent dans l'individu les instincts inconscients et les mouvements involontaires, — les anarchistes nous paraissent comme des hommes qui voudraient marcher sans tête, et les socialistes au contraire comme des hommes qui voudraient faire régler par la conscience le délicat et merveilleux mécanisme des relations internes des organes. Les anarchistes philosophes, dont je parle, sont peu nombreux et d'importance pratique négligeable. C'est le socialisme sous ses divers aspects que nous avons à combattre.

Avec les socialistes nous avons ces points communs que nous reconnaissons pleinement, comme eux, la

nature sociable de l'homme et que nous croyons que
tous les monopoles doivent être la chose de l'État et
sous sa direction. Dans tous les sens que peut l'exiger
l'intérêt de la santé publique, de la science, du confort ou de l'agrément de tous, nous sommes prêts
nous aussi à étendre les fonctions de l'État.

Mais le vice du socialisme, à tous ses degrès, c'est
à notre avis son manque de logique; c'est de ne pas
aller à la racine des choses. Il emprunte ses théories
de ceux là-mêmes qui ont cherché à justifier l'appau-
vrissement des masses; et ses défenseurs enseignent
généralement la dégradante et insensée doctrine que
l'esclavage fut la première condition du travail. Il
admet que la tendance du salaire à s'abaisser à un
minimum est une loi naturelle et cherche à abolir le
salaire; il admet que le résultat naturel de la concurrence est l'écrasement du travailleur et cherche
à abolir la concurrence par les restrictions, les prohibitions et l'extension du pouvoir gouvernemental.
Prenant ainsi les effets pour les causes, s'emportant
comme font les enfants contre la pierre à laquelle il
se heurte, il consume inutilement ses forces à in-
venter des remèdes futiles, quand ils ne sont pas
pires que le mal. Associé en beaucoup d'endroits aux
aspirations de la démocratie, son essence est pourtant
le même mirage auquel succombèrent les enfants d'Is-
raël, lorsque malgré les protestations des prophètes
ils voulurent à tout prix un roi; — ce mirage qui a
partout corrompu les démocraties et intronisé les rois;
cette décevante idée que le pouvoir sur le peuple peut
s'exercer au profit du peuple; qu'il peut être trouvé
un mécanisme, une combinaison de rouages humains
dont l'effet soit une conduite des affaires individuelles

comportant plus de sagesse et de vertu que n'en possèdent les peuples eux-mêmes.

Cette tendance et ce manque de profondeur est
commun à toutes les variétés du socialisme.

Prenez le protectionisme, par exemple. La raison
qu'il invoque, outre l'égoïste désir du vendeur de
forcer l'acheteur à payer plus que sa marchandise ne
vaut, vient de cette idée superficielle que c'est la
production non la consommation qui est le but
dernier de l'effort, que l'argent vaut plus que sa
valeur [son équivalent en marchandises]; qu'il y a
plus d'avantage à vendre qu'à acheter; et surtout
d'un désir de restreindre la concurrence qui a son
principe dans une insuffisante analyse de ce qui
arrive incessamment lorsque les hommes qui ont
besoin de travailler se voient interdire l'accès, par
le monopole, des éléments naturels et indispensables
du travail. Sa méthode implique l'idée que le gouvernement peut apporter dans l'aménagement du
travail et dans l'emploi du capital plus d'avisement
et de sagesse que les travailleurs et les capitalistes
eux-mêmes et que les hommes qui exercent le gouvernement exerceront leur pouvoir pour le bien commun, non dans leur propre intérêt. Sa tendance est
à multiplier les offices, à restreindre la liberté, à
forger de nouveaux crimes. Il provoque au parjure,
à la fraude, à la corruption. Et à pousser la théorie à
ses dernières conséquences, on arriverait à détruire
la civilisation et à ramener le genre humain à l'état
sauvage.

Prenez les Trades-Unions. Dans un cercle res-
treint les Trades Unions propagent l'idée de la mu-
tualité des intérêts et souvent contribuent à déve-

lopper le courage et à faire l'éducation politique des
masses; elles permettent à des groupes limités de
travailleurs d'améliorer quelque peu leur condition,
de respirer, pour ainsi dire, plus à l'aise. Mais elles
n'ont aucune idée systématique des causes générales
qui déterminent la condition du travail et visent
uniquement à l'amélioration d'une faible partie du
corps social par des moyens impuissants à affranchir
la masse. Préoccupées de restreindre la concurrence,
d'imposer une limitation du droit à travailler, leur
méthode est celle des armées, qui dans les plus justes
causes comporte le mépris de la liberté, la possibilité des abus; et d'un autre côté l'arme qu'elles em-
ploient, la grève, sorte de guerre passive, est destruc-
tive de sa nature, également funeste aux combattants
et aux non combattants. Imposer à toutes les branches
de l'industrie, comme quelques-uns rêvent de le faire,
le principe sur lequel reposent les Trades-Unions, ce
serait parquer les hommes dans un système de castes.

Ou même prenons des demi-mesures comme la limitation des heures de travail et la réglementation du
travail des femmes et des enfants. Les promoteurs de
ces mesures ont le tort de ne voir que l'empressement
coupable des hommes, des femmes et des enfants à
travailler, de prétendre empêcher par des mesures
coercitives cet excès de travail; au lieu d'en chercher
la cause, l'aiguillon du besoin qui les force à agir
ainsi. Et les mesures nécessaires pour tenir la main
à l'observation de ces règles ont pour effet d'accroître
le nombre des fonctionnaires, d'entreprendre sur la
liberté personnelle, de développer la corruption, de
donner prétexte à une foule d'abus.

Pour ce qui est du socialisme extrême, le plus hono-

rable parce qu'il a le courage de ses convictions, c'est
là qu'on peut voir, dans toute leur candeur, les vices
du système. Sautant aux effets sans le moindre
effort pour discerner les causes, il n'a garde de voir
que l'oppression ne vient pas de la nature du capital,
mais de l'injustice qui prive le travail de capital en
consommant son divorce d'avec la terre, et qui donne
naissance à un pseudo-capital qui n'est en réalité
qu'un capital monopolisé. Il n'a garde de voir qu'il
serait impossible au capital d'opprimer le travail si le
travail avait libre accès aux éléments naturels de production ; qu'en lui-même le système du salaire naît du
libre accord, n'est qu'une forme de la coopération,
dans laquelle une des parties préfère un résultat certain à un résultat aléatoire ; et que ce qu'il appelle
« la loi d'airain des salaires » n'est pas la loi naturelle
du salaire, mais la loi des salaires dans ces conditions
d'existence contraires à la nature, où les hommes
n'ont aucune ressource, privés qu'ils sont de toute
matière nécessaire pour vivre et travailler. Il ne se
rend pas compte que ce qu'il prend à tort pour les
maux de la concurrence ce sont en réalité les maux
d'une concurrence restreinte, que ces maux ont leur
source dans une concurrence unilatérale qui se substitue forcément pour les hommes à la véritable concurrence, lorsqu'une fois ils sont privés de la terre.
Quant à ses moyens, l'organisation des hommes en
armées industrielles, la direction et le contrôle de la
production et de l'échange par des bureaux gouvernementaux ou demi gouvernementaux, — leur emploi,
sur une grande échelle, ce serait le despotisme
égyptien réalisé.

. Nous différons d'avec les socialistes sur le diagnostic du mal et nous différons sur la nature des remèdes. Nous n'avons aucune appréhension du capital dans lequel nous voyons le serviteur naturel du travail; nous considérons l'intérêt comme une chose naturelle et juste en elle-même; nous ne voudrions fixer aucune limite à l'accumulation des capitaux; ni imposer au riche une charge quelconque qui ne pesât également sur le pauvre; nous ne voyons aucun inconvénient à la concurrence, nous estimons qu'une concurrence illimitée est aussi nécessaire à la santé de l'organisme industriel et social que la libre circulation du sang l'est à la santé de l'organisme physique; qu'elle est l'agent seul capable d'assurer la parfaite coopération. Nous prendrions simplement pour la communauté ce qui appartient à la communauté : la valeur qui s'attache à la terre par le fait du développement de la communauté; nous laisserions pieusement à l'individu tout ce qui appartient à l'individu; et toutes les restrictions, toutes les prohibitions seraient abolies à l'exception de celles que nécessitent la santé publique, la morale et l'agrément. Seuls les monopoles nécessaires seraient considérés comme des fonctions de l'État.

Mais la différence fondamentale, — la différence dont je demande à Votre Sainteté de prendre note d'une manière toute spéciale, — est celle-ci : Le socialisme, sous toutes ces formes, voit le principe des maux de notre civilisation dans le désordre et le manque d'harmonie des relations naturelles, qui auraient besoin d'après lui d'être organisées artificiellement et amendées. Dans sa pensée la tache incombe à l'État d'organiser consciemment les relations industrielles humaines, de construire, pour ainsi

dire, une grande machine dont les rouages compli-
qués marcheraient ensemble sous la direction de l'intelligence humaine. C'est la raison pour laquelle le
socialisme est plutôt athée. Méconnaissant dans la
loi naturelle l'ordre et la symétrie, il ne saurait
reconnaître Dieu.

Au contraire, nous qui nous appelons les hommes
de *la taxe unique* (nom exprimant seulement notre
but pratique) nous voyons dans les relations sociales
et industrielles de l'homme non point une machine à
construire, mais un organisme qu'on n'a besoin que
de laisser se développer. Dans les lois naturelles,
sociales, industrielles, nous voyons la même harmonie qui préside aux arrangements du corps humain,
et qu'il est aussi impossible à l'intelligence humaine
d'ordonner et de diriger qu'il lui est impossible d'ordonner et de diriger les mouvements vitaux de notre
propre corps. L'étroit rapport de ces lois sociales et
industrielles avec la loi morale est juste ce qu'il peut
être, étant donné que les unes et les autres reconnaissent le même auteur. Et cela prouve que là, où
son intelligence pourrait faire fausse route, la loi
morale est encore pour l'homme le guide le plus sûr.
A notre avis, la seule chose nécessaire pour remédier aux maux de notre temps c'est de suivre la
loi de la justice et donner la liberté à tous. C'est la
raison pour laquelle nos croyances appellent une
ferme et pieuse foi en Dieu, que dis-je? pourquoi en
réalité elles seules s'accommodent de cette foi et de la
conviction que la loi de Dieu est une loi suprême que doivent suivre les hommes s'ils veulent éviter la ruine et
s'assurer la prospérité. C'est aussi la raison pourquoi,
à notre sentiment, l'Économie politique ne sert qu'à

montrer les trésors de sagesse contenus dans les simples vérités que la foule voyait avec joie tomber des lèvres de Celui dont il était dit non sans étonnement : « N'est-ce pas le charpentier de Nazareth? »

Et c'est parce que nous trouvons dans le but poursuivi par nous, — le but d'assurer à tous les hommes les facultés naturelles d'exercer leurs pouvoirs et de faire cesser toutes les contraintes légales relatives au légitime exercice de ces pouvoirs — le parfait accord de la loi humaine et de la loi morale que nous avons la ferme confiance que non seulement c'est un remède suffisant pour tous les maux que vous dépeignez si bien mais que c'est le *seul* remède possible.

Il n'y en a pas d'autre. Telle est l'organisation de l'homme, telles sont les relations qu'il soutient vis à vis du monde, — c'est-à-dire telles sont les immuables lois de Dieu qu'il est au-dessus de l'ingéniosité humaine d'imaginer contre les maux, nés de l'injustice consistant à priver les hommes du droit qu'ils portent en naissant, un moyen autre que celui de faire cesser l'injustice, que celui de rendre à tous leur part des dons que Dieu leur a à tous octroyés.

L'homme peut vivre seulement sur la terre et de la terre; la terre est le réservoir de force et de matière d'où l'homme tire son corps lui-même et à plus forte raison tout ce qu'il lui faut pour produire : ne s'ensuit-il pas forcément que donner la terre en propriété à quelques hommes et dénier aux autres le même droit, c'est diviser le genre humain en riches et en pauvres, en privilégiés et en malheureux? Ne s'ensuit-il pas que ceux qui n'ont aucun droit à user de la terre ne peuvent vivre qu'en vendant leur faculté de travail à ceux qui possèdent la terre? Ne

s'ensuit-il pas que ce que les socialistes appellent
« *la loi d'airain des salaires* », ce que les Économistes appellent « la tendance des salaires à tomber
au minimum » doit fatalement enlever aux masses
non propriétaires de la terre — les simples travailleurs ne pouvant par eux-mêmes utiliser leur force
de travail — tous les profits résultant d'un progrès,
d'une amélioration qui ne remédie pas à cette injuste
répartition du sol?

Ne pouvant d'aucune façon s'employer eux-mêmes,
il leur faut, dès qu'ils veulent obtenir la permission
de travailler, entrer en concurrence les uns avec les
autres, qu'il s'agisse d'acheter la terre ou de la louer.
Cette concurrence générale de tous les hommes ex-
clus de l'inépuisable réservoir divin n'a d'autre
limite que la mort et doit finalement faire tomber
les gages au plus bas point, le point où l'on peut
vivre et se reproduire tout juste.

Ce n'est pas à dire que tous les gages doivent tomber à ce point, mais les gages de cette masse de travailleurs, nécessairement la plus considérable, qui
présente seulement une moyenne ordinaire de
science, d'habileté, d'aptitude. Les gages des quelques groupes défendus de la concurrence par une
connaissance, une habileté particulière ou toute
autre cause peuvent se tenir au-dessus de ce taux
ordinaire. Ainsi là où se trouve peu répandu l'art de
lire ou d'écrire, l'exercice de cet art permettra à
quelqu'un d'obtenir un salaire plus élevé que celui
d'un travailleur quelconque. Cet avantage disparaît
à mesure que devient plus général l'art de la lecture
et de l'écriture. Ainsi quand une profession requiert
une culture ou une habileté spéciale ou quand des

restrictions artificielles en interdisent l'accès, le ra-
lentissement de la concurrence tend à maintenir les
gages à un taux élevé. Lorsque les inventions rendent inutiles une habileté particulière ou que les
restrictions artificielles prennent fin, ces gages plus
élevés tombent à leur tour au niveau ordinaire. Ce
n'est qu'aussi longtemps que ces qualités : l'ingéniosité, la prudence, l'économie, sont le propre d'un
petit nombre qu'elles permettent au travailleur de
se maintenir dans une situation où il ait un peu plus
que ce qu'il lui faut pour vivre. Si ces qualités se
généralisent, la loi de la concurrence ramène forcément le salaire ou les avantages que confère la possession de ces qualités au plus bas niveau ; et ce
niveau par l'effet de la monopolisation de la terre et
du manque de ressources du travail ne peut être que
celui au-dessous duquel se produit la cessation de la
vie.

On pourrait encore dire : La terre étant nécessaire
à la vie et au travail, ses possesseurs pourront, en
retour de l'autorisation donnée par eux d'en user,
extorquer des simples travailleurs tout ce que le
travail peut produire, sauf ce qu'il faut rigoureusement pour le soutien de leur vie à ceux d'entre eux
dont les services sont indispensables aux propriétaires et à leurs créatures.

Partout où la propriété privée de la terre a par-
tagé la société en deux grandes classes : la classe des
propriétaires du sol et la classe des non-propriétaires,
il n'y a pas d'invention, d'amélioration possible,
industrielle, sociale ou morale, qui puisse, sans affec-
ter la propriété du sol, prévenir la pauvreté ou relever en général la condition des simples travailleurs.

Car si l'effet d'une invention ou d'une amélioration est d'accroître la productivité du travail et de réduire le nécessaire pour l'entretien du travailleur, cela ne peut aboutir, sitôt généralisé, qu'à accroître les revenus des propriétaires du sol sans profiter du tout aux simples travailleurs. Dans aucun cas, les classes travailleuses qui n'ont que leur simple faculté de travail, une faculté sans emploi à moins des éléments nécessaires, ne sauraient obtenir que les gages strictement nécessaires à leur subsistance.

Combien cela est vrai, nous le voyons par ce qui se passe aujourd'hui. Les inventions et les découvertes ont démesurément accru la productivité du travail et dans la même proportion réduit le prix de revient des choses nécessaires à la subsistance des travailleurs. Ces améliorations ont-elles élevé quelque part le salaire des simples travailleurs ? Les bénéfices ne sont-ils pas surtout allés aux propriétaires de façon à accroître prodigieusement la valeur de la terre ?

Je dis surtout, car une part des profits s'est englouti à faire face aux dépenses que nécessitent l'entretien de monstrueuses armées permanentes, les préparatifs militaires, le service des intérêts d'une dette publique colossale, enfin les gains que prélèvent, sous la trompeuse apparence d'un intérêt à servir pour un capital fictif, les possesseurs de monopoles autres que celui de la terre.

Les mesures qui supprimeraient ces abus ne bénéficieraient pas au travail; elles auraient simplement pour effet d'accroître les profits des propriétaires. Les armées permanentes avec tout ce qui s'en suit auraient beau disparaître, tous les monopoles

autres que celui de la terre auraient beau être supprimés; arrivât-il aux gouvernements de devenir des
modèles d'économie; s'épargnât-on les profits des
spéculateurs, des intermédiaires, des trafiquants de
toute sorte; tout le monde devint-il d'une scrupu-
leuse honnêteté; et ne fût-il besoin ni de policiers, ni
de tribunaux ni de prisons, d'aucune mesure contre la
malhonnêteté,—le résultat serait le même que le résultat qui a suivi la productivité plus grande du travail.

Oui; ces bénédictions n'apporteraient-elles pas la
ruine à plusieurs de ceux qui aujourd'hui viennent à
bout de vivre? N'est-il pas vrai que si on proposait
aujourd'hui ce que tous les chrétiens doivent demander dans leurs prières, le licenciement de toutes
les armées de l'Europe, on aurait la plus grande
appréhension de jeter sur le marché du travail tant
de travailleurs sans emploi ?

L'explication de ce paradoxe et d'autres semblables, qui à notre époque laissent perplexes de toute
façon, est facile à trouver. L'effet de toutes les inventions et progrès qui accroissent la productivité du
travail, qui empêchent le gaspillage et épargnent la
peine, est de réduire la somme de travail nécessaire
pour atteindre un résultat donné, donc de réaliser
une économie de travail; et c'est ce qui nous les fait
qualifier d'inventions bienfaisantes et de progrès.

Or, dans un état de société normal, où les droits de
tous à l'usage de la terre sont expressément reconnus,
ces bienfaisantes inventions ont beau être poussées
loin; elles ne sauraient en rien diminuer le besoin
qu'on a de travailler, puisque dans ces conditions,
qui sont les conditions normales, la demande de bras
découle du besoin même des hommes de jouir de la

vie et des plus forts instincts que le Créateur ait mis
en eux. Au contraire, dans cet état anormal de la
Société, où le grand nombre est privé de tout, sauf
du pouvoir de travailler quand d'autres veulent bien
lui en fournir les moyens, le besoin de bras devient
simplement le besoin qu'ont des services des travailleurs ceux qui détiennent ces moyens de travail; et
l'homme lui-même devient une chose. L'effet naturel
des inventions qui épargnent du travail est d'accroître le salaire : la condition anormale résultant
de la propriété privée de la terre fait que même les
progrès moraux, comme le licenciement des armées
et la rédution de ce travail excessif qui a pour conséquence obligée le vice, provoquent un abaissement
du salaire en entraînant sur le marché une diminution de la demande et réduisent au dépérissement et
à la misère les simples travailleurs. Si ces inventions,
ces améliorations bienfaisantes pouvaient aller jusqu'à la pure et simple abolition de la nécessité du
travail, qu'en résulterait-il? N'arriverait-il pas que
les propriétaires pourraient alors obtenir toute la
richesse que la terre serait capable de produire sans
avoir pour cela besoin de travailleurs et que le seul
parti qui resterait à prendre à ces derniers serait
celui de mourir ou de vivre des aumônes des propriétaires?

Aussi longtemps donc qu'existera la propriété
privée de la terre, que certains hommes seront ré-
putés les propriétaires de la terre et que d'autres ne
pourront vivre que s'il plaît aux premiers, aussi longtemps la sagesse humaine ne trouvera pas de moyens
d'écarter les maux de notre condition présente.

La sagesse de Dieu n'en trouverait pas plus!

Il suffit de ces lumières de la raison, dont parle Saint-Thomas, pour voir que Dieu lui-même, le Tout puissant, — les lois établies par lui restant ce quelles sont, — ne peut rien pour prévenir la misère et le dépérissement, tant que subsiste la propriété privée de la terre.

Comment le pourrait-il? Donnât-il au rayon de soleil une force nouvelle, à l'air une vertu inconnue, au sol plus de fertilité : Ces dons nouveaux n'iraient-ils pas encore au propriétaire du sol, ne seraient-ils pas pour les travailleurs au lieu d'un bienfait un sujet d'injustices nouvelles commises à leur détriment? S'il s'avisait de nous rendre accessibles des substances nouvelles, de nouvelles propriétés des choses, de nouveaux pouvoirs, ces bienfaits relèveraient-ils la condition du pauvre plus que n'ont fait la vapeur, l'électricité, les inventions et les découvertes sans nombre de notre temps? Plus encore ; supposons qu'il fit descendre du ciel ou jaillir des profondeurs de la terre la nourriture, le vêtement, toutes les choses propres à satisfaire les besoins de l'homme, à qui donc, sous l'empire de nos lois, tout cela appartiendrait-il? Loin de bénéficier à l'homme, cet accroissement, cette munificence nouvelle de ses dons, ne seraient-ils pas plutôt une malédiction permettant aux classes privilégiées de se vautrer encore plus dans la fange de la richesse, et apportant aux déshérités plus de misère encore et de paupérisme ?

IV

Convaincus, comme nous le sommes, que la question sociale est au fond une question religieuse, nous considérons comme d'heureux augure pour le monde que le plus considérable des chefs religieux ait en votre personne attiré l'attention de tous sur la condition des classes travailleuses.

Nous apprécions, comme il convient, les précieuses vérités que vous faites entendre, et nous avons le sentiment, comme tout le monde l'a, que vous êtes animé du désir de venir en aide aux opprimés et aux souffrants et de mettre fin à cette idée que le divorce est définitif entre l'Église et les idées de liberté et de progrès. Mais nous sommes peinés de voir qu'un fatal préjugé vous empêche de trouver la véritable cause de ces maux et de proposer les remèdes voulus : ce préjugé que la propriété privée de la terre est de même nature et a les mêmes sanctions que la propriété privée des choses qui sont le résultat du travail. En dépit des indiscutables vérités de Votre Encyclique et de l'esprit de bienveillance qui l'anime, on voit que vous êtes dans le cas d'un médecin appelé à se prononcer sur une maladie de l'estomac et qui refuserait de faire porter son examen sur cette partie du corps.

La véritable cause vous échappant, les seules causes que vous trouviez de ce redoublement de misère et de pauvreté c'est la destruction, au cours du siècle passé, des associations de travailleurs, la répudiation dans les institutions et les lois des principes de la religion traditionnelle, c'est l'esprit d'usure et de rapacité, la pratique dans les rapports du travail du libre contrat, enfin la concentration du commerce.

Un tel diagnostic ne suffit manifestement pas à rendre compte des maux également développés dans

les contrées catholiques et protestantes, dans les
pays relevant de la communion grecque et dans les
pays qui n'admettent pas de religion d'État; de maux
que connaissent également les pays vieux et les pays
jeunes, ceux qui ont une industrie rude encore et
ceux qui ont l'industrie la plus développée : — des
maux partout les mêmes sous les conditions et les
pratiques industrielles les plus diverses.

La véritable cause de tous nos maux vous sautera
aux yeux si vous voulez considérer que, le travail
ayant dans la terre son atelier et son fonds de réserve,
la question du travail n'est sous un autre nom que
la question de la terre; et si vous voulez soumettre
à un nouvel examen l'assertion que la propriété de
la terre est à la fois un droit et une institution
nécessaire.

La cause que je signale est bien la véritable cause :
voyez plutôt. La plus importante de toutes les relations de l'homme avec la matière est celle qu'il
soutient avec la planète qu'il habite; et conséquemment « la résistance impie aux bienveillantes intentions de son créateur » qu'implique, comme dit l'é-
vêque Nulty, la propriété privée de la terre, doit
forcément, partout où elle existe, entraîner toutes
sortes de maux. Mais en vertu du principe : « A qui il
est beaucoup donné, il sera beaucoup demandé », le
progrès de la civilisation multiplie et accroît d'autant les maux dûs à l'existence de la propriété privée de la terre. La cause par tout le monde civilisé
de cet état de choses, que vous qualifiez avec raison
d'intolérable, ce n'est pas telle ou telle erreur locale
ou une méprise de peu d'importance. Ce n'est rien
moins que le progrès même de la civilisation, rien

moins que le développement intellectuel et matériel,
si merveilleux dans notre siècle, dans un état social
basé sur la propriété privée de la terre. Ce ne sont
rien moins que les nouveaux dons que Dieu prodigue
de notre temps à l'homme et « que notre résistance
impie à ses bienveillants ordres » a tournés en fléaux
pour nous.

Les découvertes de la science, les inventions profitables nous ont donné, à notre merveilleuse époque,
plus qu'il ne nous a jamais été donné en aucun autre
temps. Mais l'obligation suit le bienfait. Dans une
civilisation, qui a pour moteur la vapeur et l'électricité, où le soleil fait des tableaux de peintre, où le
phonographe emmaganise la parole, il ne suffira pas
d'être ce qu'ont été nos pères. Le progrès intellectuel et matériel comporte le progrès moral. Savoir
et pouvoir ne sont en eux-mêmes ni bons ni mauvais.
Ce ne sont pas des fins mais des moyens, des moyens
de déchaîner des forces nécessairement destructives
et funestes si l'on n'a soin de les maîtriser et de les
faire rentrer dans l'ordre. La profonde souffrance,
l'anxiété croissante, les grondantes colères, pour
lesquelles vous demandez non sans raison un remède,
et un remède immédiat, ne signifient pas autre chose
que ceci : des puissances de destruction, plus
promptes et plus terribles qu'aucune de celles qui se
sont abattues sur les civilisations antérieures sont
déjà là menaçantes; et si notre civilisation ne s'é-
lève aussitôt d'un degré sur l'échelle de la moralité;
si elle n'est pas pour de bon et non plus seulement en
paroles une civilisation chrétienne, on verra res-
plandir en lettres de feu sur ses murs le jugement

de Babylone : « On te pesa dans la balance et tu ne fus pas trouvée assez lourde ! »

Une idée fausse vous empêche de trouver la véritable cause et d'avoir le véritable sens des faits que vous signalez dans votre Encyclique. Et cela naturellement vous condamne à l'impuissance lorsqu'il s'agit de chercher le remède.

Vous abordez, dites-vous, la question sans crainte. Et cependant dans toute cette partie la plus considérable de votre Encyclique, consacrée au remède, — pendant que vous vous laissez aller à force réflexions et préceptes moraux, excellents en eux-mêmes, mais ici lettre morte et sans but, tels que vous les présentez, — vous ne trouvez à proposer, au point de vue pratique, pour améliorer la condition lamentable des classes travailleuses, que les remèdes suivants :

1º L'État doit prévenir le surmenage, réglementer le travail des femmes et des enfants, assurer l'aménagement de l'atelier en vue de la santé et de la moralité des travailleurs, et tout au moins en cas d'insuffisance de salaires provoquant des grèves participer à la fixation des salaires.

2º Il doit encourager l'acquisition de la propriété (de la terre) par les travailleurs.

3º Les travailleurs doivent se constituer en associations.

Ces remèdes, tels quels, sont des remèdes socialistes. Vous avez beau dans Votre Encyclique reconnaître nettement la nature individuelle de l'homme et la priorité de l'individu et de la famille sur l'État, la tendance et l'esprit des remèdes que vous proposez sont incontestablement une nette tendance au socialisme, un socialisme très modéré, il est vrai, —

un socialisme embarrassé, émasculé par le plus
extrême respect de la propriété privée, — socialisme cependant. Votre langage prête parfois à
l'équivoque et vous employez fréquemment pour
désigner la *propriété privée de la terre* l'expression de « *propriété privée* »; mais une chose reste
claire, d'autant plus claire qu'on l'examine plus
attentivement, c'est que dans votre pensée il ne saurait être question, quoi qu'il arrive, de toucher au
droit de propriété privée de la terre.

J'ai déjà signalé d'une manière générale l'insuffi·
sance des remèdes socialistes. Mon respect pour
Vous, Très-Saint Père, m'oblige à m'expliquer particulièrement sinon avec quelque détail sur ceux dont
vous avez l'idée.

Le plus radical et le plus efficace que vous proposiez, ce serait la fixation par l'État des heures de
travail, la réglementation du travail des femmes et
des enfants, la salubrité obligée de l'atelier, etc.
Mais dans cette voie qu'on peut réaliser peu de chose!

Une législation autoritaire, absolue, pourrait peut-
être prétendre adoucir par de semblables dispositions la condition des modernes esclaves. Mais la
tendance de notre temps est à la démocratie. Or dans
les États démocratiques le pouvoir est nécessairement plus paternel, plus faible; et d'autre part ce
qui caractérise l'esclavage industriel né de la propriété privée de la terre qui prévaut dans la chrétienté aujourd'hui, c'est que ce n'est pas le maître
qui contraint l'esclave à travailler, c'est l'esclave qui
supplie le maître de lui donner du travail. Le plus
grand obstacle qu'on rencontre, dès qu'il s'agit de
faire observer cette réglementation du travail, vient

de ceux-là mêmes qu'on voudrait en faire bénéficier. Par exemple ne sont pas les maîtres qui font diffi- culté d'observer dans les manufactures les prescrip- tions relatives au travail des enfants, mais les mères, que la pauvreté pousse à dissimuler au patron l'âge de leurs enfants et à enseigner aux enfants à le dissimuler eux aussi.

Puis si dans les grandes usines, les mines, on peut encore tenir la main à l'observation de ces règle- ments relatifs aux heures de travail, à l'âge, etc, quelque facilité d'y échapper qu'ait le mauvais vou- loir et la fraude, comment faire dans ces branches d'industrie en bien plus grand nombre, où le travail- leur travaille pour lui-même ou pour de petits pa- trons ?

Il en est de tous ces remèdes comme du remède qu'on propose généralement en même temps contre le trop grand entassement des travailleurs et pour obtenir la réduction du nombre des individus pou- vant rester dans la même pièce ou la démolition des bâtiments insalubres. Ces mesures ne contribuant en rien à améliorer l'état des lieux ou à accroître les ressources du locataire, l'entassement empêché sur un point se produit sur un autre et à un degré pire. Tous ces remèdes viennent trop tard. C'est vouloir mettre au *travail* et tenir tranquilles des chevaux qu'on a laissés prendre le mors aux dents; c'est pré- tendre arrêter une locomotive avec des bâtons dans les roues au lieu d'intercepter la vapeur, ou encore vouloir soigner une petite vérole en faisant rentrer les boutons. Les hommes ne s'épuisent pas de travail par plaisir; ce n'est pas le sentiment naturel de la mère de faire travailler son enfant à l'âge du jeu; ce n'est pas par choix que les ouvriers travaillent dans des conditions dangereuses pour leur vie et leur santé. Tout cela, comme l'entassement dans une même pièce, a pour principe l'aiguillon de la pauvreté. Et tant qu'on ne touche pas à la pauvreté, dont ces maux ne font que trahir l'existence, les mesures comme les vôtres ne peuvent avoir qu'un résultat tout à fait partiel et fugitif. La cause persistant, la répression sur un point ne peut avoir d'autre effet que de provoquer des manifestations du mal sur d'autres, et vous assignez à l'État une tâche tout aussi insensée que de celle d'abaisser le niveau de l'océan à force de puiser de l'eau.

L'État ne peut pas d'avantage porter remède à la pauvreté par la fixation des salaires.

Il est tout aussi impossible à l'État de régler les salaires que de régler le taux de l'intérêt. On a tenté bien des fois d'établir des lois relatives à l'usure; leur seul effet a toujours été d'accroître le taux de l'intérêt pour les emprunteurs les plus pauvres; et pour la même raison toutes les tentatives pour abaisser par voie de réglementation le prix des choses n'ont abouti qu'à le rehausser. Le taux général des salaires dépend de l'accès plus ou moins facile du travailleur à la terre. Le salaire va de la pleine jouissance de tous les fruits du travail, dans le cas où la terre est libre, au minimum de ce qu'il faut aux travailleurs pour vivre et se reproduire dans les contrées où la terre est l'objet d'un strict monopole. C'est ainsi que partout où il a été relativement facile aux travailleurs de posséder la terre, aux États-Unis, en Australie, les salaires se sont maintenus plus élevés qu'en Europe, et on n'a pas pu faire travailler

les immigrants Européens à des prix qu'ils auraient
été trop contents d'obtenir chez eux. Aujourd'hui à
mesure que les progrès de la propriété privée tendent à faire un monopole de la possession du sol, les
salaires ont tendance à tomber; et les conditions sociales tendent à devenir chez nous celles de l'Europe.

Ainsi encore, grâce à la reconnaissance partielle
mais effective d'un même droit commun de tous à la
possession de la terre, les nombreuses tentatives du
Parlement anglais de réduire par voie législative le
taux des salaires ont toujours échoué. En revanche
lorsque l'institution privée de la terre a eu fait son
œuvre en Angleterre, tous les efforts du parlement
pour élever le taux des salaires sont restés inutiles.
Au commencement de ce siècle, le Parlement eut
l'idée d'accorder une prime aux travailleurs pour
réaliser une augmentation de salaire. Le seul résultat fut d'amener un abaissement notable des salaires
payés par les patrons. L'État ne pourrait maintenir
les salaires au-dessus du cours du marché (le travail
sans droit à la terre est traité, je l'ai montré, comme
une marchandise) qu'à la condition de donner du
travail à tous ceux qui en désirent; ou de mettre au
service des grèves son autorité morale et ses ressources pécuniaires. Il est évident que les socialistes
extrêmes qui veulent que l'État prenne en mains la
direction de toute l'industrie sont beaucoup plus
logiques que ces socialistes timides pour qui l'État
devrait bien régler l'industrie privée — mais seulement un peu.

Tout aussi peu pratique est l'idée d'après laquelle
l'État devrait encourager la classe des travailleurs
à acquérir la propriété d'un lot de terre. A Votre

avis, manifestement, l'État, comme on l'a tenté en
Irlande, devrait exproprier les grands propriétaires
fonciers en faveur des petits pour constituer ce que
nous appelons la classe des paysans propriétaires. A
supposer que cela soit susceptible de réalisation sur
une vaste échelle, qu'aura-t-on fait que de substituer
à une classe de privilégiés peu nombreuse une autre
classe de privilégiés plus nombreuse ? Que faudra-t-il
faire pour la classe restante encore plus considérable,
les travailleurs des districts agricoles, les ouvriers
des villes, le prolétariat des grandes cités ? N'est-il
pas vrai, comme le dit M. de Laveleye, que dans des
pays comme la Belgique, où le paysan propriétaire
n'est pas inconnu, les tenanciers — car il y a là
encore des tenanciers — sont pressurés avec une
dureté inconnue même en Irlande ? N'est-il pas vrai
que dans des contrées comme la Belgique la condition du simple travailleur est même pire qu'en
Grande-Bretagne où domine la grande propriété ? Et
si l'État s'avise d'acheter de la terre pour les paysans
propriétaires, le résultat ne sera-t-il pas, comme on
le voit aujourd'hui en Irlande, d'accroître sur le
marché la valeur de la terre et d'en rendre ainsi
l'acquisition plus difficile à ceux qui ne sont pas
l'objet de semblables faveurs ou qui viendront après ?
Comment, en outre, après avoir établi en principe
que « au regard de l'État les intérêts de tous, puissants ou humbles, sont également sacrés » justifierez-
vous que l'État aide l'un à acheter une pièce de terre
et ne soit pas tenu d'aider l'autre à acheter un baudet, celui-ci un magasin, celui-là les outils et le
matériel d'un commerce ; qu'en un mot l'État ne soit
pas tenu de procurer ceci ou cela à tout homme

capable d'en faire bon usage ? N'êtes-vous pas ainsi
en plein communisme, — non point le communisme
des premiers chrétiens et des ordres religieux —
mais le communisme qui a recours au pouvoir coercitif de l'État pour prendre de force la légitime propriété de ceux qui ont en faveur de ceux qui n'ont
pas? Car l'État n'a pas la bourse de Fortunatus ;
l'État ne saurait rééditer le miracle de la multiplica-
tion des pains et des poissons. Tout ce que peut
donner l'État, il lui faut le demander à la taxe sous
une forme ou l'autre. Et qu'il donne ou prête de
l'argent, qu'il donne en nature ou fasse crédit, il ne
saurait donner à ceux qui n'ont pas sans prendre à
ceux qui ont.

Mais indépendamment de cela rien de futile comme
la prétention de partager la terre et de maintenir en
même temps le droit de propriété privée de la terre.
Partout où il y a progrès matériel et accroissement
de la richesse, les petites exploitations ne peuvent
survivre à la transformation de la terre en propriété
privée avec tout ce qui s'ensuit. Cela saute aux yeux
dans les phénomènes économiques dont le résultat
fut dans l'antiquité la transformation de l'Italie —
cette Italie qui avait conquis le monde et peuplée de
petits cultivateurs — en terre de grands domaines.

Cela saute aux yeux dans ce fait que tandis que la
majorité des fermiers anglais étaient, il y a 200 ans,
possesseurs de la terre qu'ils cultivaient, la tenure
est devenue pour longtemps la condition générale sinon unique du cultivateur anglais.

Les puissantes forces de la vapeur et de l'électricité sont venues hâter la concentration. C'est aux
États-Unis que nous pouvons le mieux voir comment

agissent ces forces pour faire d'une nation de propriétaires une nation de tenanciers. Le principe est clair et le résultat certain. Le progrès matériel donne à la terre une valeur plus grande; et, si on laisse à la propriété privée cette valeur croissante, on peut être sûr que la terre passera des mains du pauvre dans celles du riche, tout comme les diamants que trouvent les pauvres diables. Ce que tente en Irlande le gouvernement anglais c'est une entreprise comme celle d'élever des maisons en neige dans le désert d'Arabie ou de faire venir des bananes dans le Labrador.

Il y a un moyen, et il n'y a qu'un, d'assurer dans le présent aux classes travailleuses une part dans la possession de la terre de leur pays. Ce moyen est celui que nous proposons et qui consiste à prendre pour la communauté les profits résultant de la valeur de la terre.

Pour ce qui est des associations de travailleurs, Votre Sainteté semble avoir en vue la formation de sociétés comme les confréries catholiques et les associations de bienfaisance et amicales : tels les compagnons de Dieu qui prirent une si grande extension dans les pays de langue anglaise. De telles associations peuvent bien développer l'esprit de fraternité, multiplier les relations de société, assurer chacun de leurs membres contre la maladie ou la mort; mais, à moins d'aller plus loin, elles ne sauraient avoir d'action sur le taux des salaires même parmi leurs membres. Quant aux Trades-Unions proprement dites, il est difficile de préciser votre sentiment à leur égard; lequel serait peut être, à bien voir, un sentiment de vive approbation, sous la réserve qu'elles

n'iront pas trop loin. Car tout en vous montrant opposé aux grèves, tout « en blâmant les sociétés qui
font leur possible pour tenir dans leurs mains le
champ entier du travail et pour forcer les travailleurs à se joindre à eux ou à mourir », tout en blâmant le recours à la contrainte contre les patrons
et en paraissant croire que l'arbitrage peut remplacer la grève, Vous parlez un langage et vous admettez des principes tels que les Trades-Unions n'ont
pas mieux pour justifier la grève et le *boycottage*
ou même le recours à la violence, si la violence seule
atteint le but. Vous parlez de l'insuffisance des salaires des travailleurs en l'attribuant à l'avidité de
patrons riches ; vous admettez le droit du travailleur
à obtenir de son travail une rémunération plus élevée
que celle qu'on veut bien lui accorder volontairement ; et vous déniez à l'individu le droit de travailler pour tel salaire qu'il lui plaît : tout cela fait dire
sans hésitation à M. Stead, dans un journal aussi
répandu que la « *Reviews of Reviews* », que vous
regardez comme un crime le « blacklegging », l'action de travailler pour un salaire moindre que le
salaire admis par l'association.

Pour des hommes conscients d'être victimes d'amè-
res injustices, des hommes condamnés à jamais à la
pauvreté, auxquels insulte encore l'insolence de la
fortune, de telles paroles ont un sens autre, j'ima-
gine, que celui que vous avez dans l'esprit !

Quand le feu sera froid, et la glace chaude ; quand
les armées, rejetant bien loin le plomb et le fer,
tenteront d'aboutir en se jetant des feuilles de roses,
— alors seront possibles les associations de travailleurs comme vous les rêvez. Jusque là non. Les asso-

ciations de travailleurs ne peuvent réaliser une élévation de salaires que par le recours à la force. Cette
force peut se présenter sous forme passive ou active;
elle peut encore exister à l'état latent; c'est toujours
la force. Il leur faut contraindre ou avoir le pouvoir de
contraindre les employeurs, il leur faut contraindre
ceux de leurs propres membres disposés à faire
bande à part; il leur faut faire tout leur possible
pour avoir dans leurs mains le champ entier du travail dont ils cherchent à s'emparer; il leur faut
contraindre les autres travailleurs à se joindre à eux
ou à disparaître. Ceux qui vous parlent de Trades-
Unions disposées à poursuivre l'élévation des salaires par la persuasion morale seule sont comme ceux
qui parleraient de tigres vivant d'oranges.

On peut dire des masses aujourd'hui qu'elles sont
dans la situation d'hommes entassés dans une pièce
dont la porte est ouverte à tous, où on ne cesse d'entrer, mais dont les portes sont closes pour la sortie.
Il y aurait un moyen de diminuer la presse, ce serait
d'ouvrir toutes grandes les portes, dont la propriété
privée de la terre est comme le verrou. Si on s'interdit
ce moyen, il ne reste plus pour empêcher la presse
qu'à refouler dehors les nouveaux venus et à coller
les plus faibles le long des murs. C'est là l'œuvre des
unions de travail et des associations professionnelles.
Ces associations amicales elles-mêmes, que vous re-
commandez, ne peuvent procurer du travail à leurs
membres qu'en l'enlevant à d'autres.

La philanthropie elle-même, qui ne veut pas se
donner le tort d'assister le travailleur par l'aumône
et qui l'aide à s'aider lui-même en lui trouvant du
travail, dans cette dure et aveugle mêlée, dont nous

sommes redevables à la propriété privée de la terre,
la philanthropie elle-même fait du mal et pour se-
courir un groupe d'hommes en lèse d'autres. A mettre
les choses au mieux et à ne pas prendre au pied de
la lettre les plaintes, portées contre elles, que pour
pourvoir leurs protégés elles enlèvent le travail à
d'autres et réduisent les salaires, il reste que toutes
ces sociétés protectrices font un peu comme un
homme qui s'amuserait à creuser des trous pour les
remplir aussitôt. Nos sociétés américaines se heur-
tent à cette difficulté; le général Booth la rencontre
en Angleterre et les associations catholiques que
Votre Sainteté recommande la connaîtront elles
aussi, quand elles auront été formées.

Votre Sainteté connaît, et, j'en suis sûr, honore la
générosité princière du baron Hirsch envers ses
coreligionnaires souffrants. Eh bien au moment où
j'écris, les journaux de New-York font le compte-
rendu d'un immense meeting tenu dans cette ville,
à « Cooper Union » vendredi soir 4 septembre; dans
lequel de nombreux membres des Trades - Unions
juives ont protesté le plus énergiquement contre la
diminution de travail et l'abaissement de salaire
provoqués par les générosités du baron Hirsch avec
ses nombreux immigrants juifs et ses agences pour
leur trouver du travail. La décision adoptée à
l'unanimité dans ce grand meeting se termine ainsi :

« Nous demandons maintenant au baron Hirsch
lui-même de vouloir bien se relâcher de sa charité et
de reprendre les millions, qui au lieu d'une bénédiction n'ont été qu'une malédiction et une source de
misère. »

Et cela ne prouve pas que les membres de ces asso-

ciations de travail juives, eux-mêmes des immigrants appartenant à la même classe que ceux auxquels le baron Hirsch s'efforce de venir en aide (à la
seconde génération les juifs ne se distinguent plus de
nous), cela ne prouve pas que ces hommes soient le
moins du monde moins généreux que les autres
hommes.

Les associations de travailleurs de la nature des
Trade Guilds ou des « Trades Unions » sont nécessairement égoïstes; c'est leur raison d'être de combattre
pour leur intérêt, sans faire attention à ceux qu'elles
renversent. Elles ignorent et elles doivent ignorer
l'enseignement du Christ de faire aux autres ce que
nous voudrions qu'ils nous fissent : Cette vérité dans
laquelle l'économie polique, digne de ce nom, voit le
seul moyen d'arriver à la totale émancipation des
masses. Il leur faut faire leur possible pour affa-
mer les travailleurs qui ne se joignent pas à eux,
il leur faut par tous les moyens en leur pouvoir
repousser le « blackleg », le traître, comme le soldat
dans la bataille doit tirer sur le fils de sa mère qui se
trouve dans les rangs ennemis. Et qui est ce « trai-
tre » ? Un compagnon comme lui en quête de travail,
— un compagnon selon toute vraisemblance encore plus pressé par la faim, encore plus misérable
que ceux qui le poursuivent avec cette âpreté et
derrière lequel souvent apparaissent des faces affa-
mées et bien touchantes de femme et d'enfants.

Et, dans la mesure où elles atteignent leur but,
que font les Trades Guilds et les Trades Unions si ce
n'est d'imposer à l'exercice des droits naturels des
restrictions plus nombreuses; de créer des « côteries»
au sein du travail; d'ajouter aux classes privilégiées

d'autres classes privilégiées en quelques points, enfin de presser les faibles plus fort contre le mur?

Je n'obéis pas à des préjugés en parlant ainsi des Trades Unions, dont j'ai été des années un membre actif. Et, en montrant à Votre Sainteté qu'elles reposent sur un principe égoïste non susceptible pour longtemps et sur une vaste échelle de conséquences bienfaisantes, qu'elles violent par leurs procédés les droits naturels et font œuvre de dureté et d'injustice, je ne fais que vous dire ce que maintes fois par la parole et le livre je leur ai dit à elles-mêmes. Ce que je leur disais n'est pas contestable. Les membres intelligents des Trades-Unions le reconnaissent et les moins intelligents le sentent vaguement. Les personnes appartenant aux classes riches et aisées elles-mêmes, qui pour écarter la revendication des droits naturels, vont prêchant aux travailleurs l'entrée dans les Trades-Unions, ne peuvent pas ne pas admettre cela.

Que Votre Sainteté se rappelle la grande grève des docks de Londres d'il y a deux ans, faite avec l'appui moral de hauts personnages mais surtout de ce prince de l'Église le plus populaire et le plus cher de tous les prélats de langue anglaise depuis la mort de Thomas Becket sur l'autel sanglant de Canterbury.

Dans un volume intitulé « *L'Histoire de la grève des Docks* », dû à la plume de MM. H. Lewellyn Smith et Vaughan Nash, avec préface de Sidney Buxton, qui préconise les Trades-Unions comme la solution de la question du travail et dont un grand nombre d'exemplaires ont été envoyés en Australie comme un témoignage officiel de reconnaissance

pour la généreuse aide qu'en reçurent les grévistes,
je trouve aux pages 164-5 le passage suivant :

« Si l'arrangemement persiste, le travail aux docks
sera plus régulier, mieux payé, s'accomplira dans
des conditions bien préférables à celles d'autrefois.
Il y a là un gain sans restriction pour ceux qui en
bénéficient. Mais un autre résultat sera sans contre-
dit de restreindre le champ du travail, de réduire le
nombre de ceux qui peuvent parvenir à trouver de
l'ouvrage. La plus basse classe des travailleurs d'occasion verra finalement sa situation plus précaire
que jamais; et cela d'autant que les arrimeurs seront
assurés d'un travail plus régulier. L'effet de l'organisation du travail des docks comme de toutes les
sortes de travail sera de *balayer* le *résidu*. L'homme
de peine, le rôdeur, tous ceux qui sont comme le
déchet du monde industriel, — tous ceux que
M. Booth, dans sa hiérarchie sociale, range dans la
classe B — n'ont pas à gagner au changement; c'est
plutôt une autre porte qui se ferme pour eux, et
cette porte est, dans bien des cas, la dernière pour
leur permettre de se procurer du travail. »

Je suis loin de vouloir que Votre Sainteté joigne
ses condamnations aux condamnations pharisaïques
de ceux qui reprochent aux Trades-Unions d'interdire
aux autres travailleurs le droit au travail et qui se
font eux-mêmes les souteneurs de l'injustice bien plus
radicale qui consiste à refuser à tout homme le droit
d'avoir sa place au soleil et l'accès aux biens naturels
nécessaires à l'exercice du travail. Ce que je voudrais
montrer c'est que la pratique des Trades Unions, qui

peut servir parfois de palliatif, n'est pas un remède
et n'est pas marqué au coin de cette moralité supérieure, qui seule justifierait votre intérêt pour
l'œuvre et votre assurance à la présenter comme
quelque chose de bon par soi-même. Et pourtant,
pouvez-vous mieux faire, tant que vous admettez le
droit de propriété privée de la terre?

V

Vous déclarez au commencement de l'Encyclique
que l'importance de vos fonctions apostoliques vous
font un devoir de traiter la question de la condition
des classes travailleuses « expressément et tout au
long, pour que nul ne se méprenne sur les principes
de vérité et de justice, qui doivent servir à la
résoudre ». Mais, aveuglé par une fausse prévention,
les fondements mêmes vous échappent.

Pour vous la question du travail est une question
entre les salariés et les employeurs. Mais le travail
salarié n'est pas la forme première ou unique du
travail. Les hommes travaillent tout d'abord pour
eux-mêmes sans l'intermédiaire d'un patron. La
première source de gain est dans les revenus du travail, l'homme qui travaille pour lui-même et con-
somme ses propres produits trouvant son salaire
dans les fruits de son travail. Les pêcheurs, les bate-
liers, les porte-faix, les paysans propriétaires, les
nombreux ouvriers en un mot qui vendent directement leurs services ou leurs produits et en touchent
le prix eux-mêmes sans l'intermédiaire d'un employeur ne sont-ils pas travailleurs au même titre

que ceux qui travaillent aux gages d'un employeur?

En proposant vos remèdes, vous ne semblez pas avoir pensé à eux. Cependant, en réalité, les travailleurs qui travaillent pour eux-mêmes sont les premiers à considérer, puisque ce que les ouvriers prétendent recevoir de leurs patrons dépend manifestement de ce qu'ils peuvent gagner en travaillant pour eux-mêmes.

Vous dites que tous les patrons sont des hommes riches, pouvant hausser les salaires n'était leur cupidité. Mais n'est-ce pas un fait que la grande majorité des patrons sont, en réalité, victimes de la concurrence au même degré que leurs ouvriers, beaucoup d'entre eux étant constamment sous le coup de la faillite? De tels patrons seraient dans l'impossibilité d'élever les salaires qu'ils donnent, quel qu'en fut leur désir, à moins que tous les autres n'y fussent également contraints. Vous dites qu'il y a naturellement deux classes d'hommes, les riches et les pauvres; et que les travailleurs appartiennent naturellement à la seconde.

Il est vrai : la nature a mis des différences entre les hommes sous le rapport de la capacité, de l'activité, de la santé, de la force; et ces différences peuvant entraîner des différences dans la fortune. Ce ne sont pourtant pas ces différences qui partagent les hommes en deux classes : les riches et les pauvres. Les différences que la nature établit sous le rapport du pouvoir et des aptitudes ne sont certainement pas plus grandes que les différences qu'elle établit sous le rapport de la stature. Or, c'est dans le monde des géants et des nains seulement que nous trouvons des exemples d'hommes deux fois plus grands que les autres hommes. Dès qu'il s'agit des riches et des pauvres de nos jours, c'est par millier et million de fois que se compte la supériorité de fortune d'un homme sur un autre.

Nulle part ces différences sous le rapport de la fortune et de la pauvreté ne répondent à des différences correspondantes dans les pouvoirs et les aptitudes. La seule différence entre le riche et le pauvre c'est que l'un détient la clé de la caisse et que l'autre vient payer; c'est que l'un touche la redevance que livre l'autre.

Comment dans la nature se justifie une différence semblable? Parmi les variétés innombrables du règne animal nous trouvons quelques espèces manifestement faites pour vivre au détriment des autres. Mais ces rapports se traduisent toujours par des différences palpables de taille, d'aspect, de constitution. Dieu a voulu que l'homme dominât sur tous les êtres vivants répandus sur la surface de la terre. Mais cette maîtrise n'est-elle pas marquée dans ses caractères extérieurs? Peut-on hésiter un seul instant à distinguer l'homme des animaux inférieurs? Notre apologiste américain de l'esclavage prétend que la peau noire et la chevelure crépue du nègre marquent nettement l'intention de la nature que le nègre serve le blanc. Mais la différence que vous prétendez l'œuvre de la nature, c'est entre individus de la même race que vous l'établissez. Quelle différence la nature établit-elle entre ces deux hommes? A quel trait se reconnaît sa volonté que l'un vive paresseux et pourtant riche, que l'autre travaille dur pour rester toujours pauvre? Si je pouvais prendre aux États-Unis un homme ayant 200.000.000 dollars et un autre

tout heureux de fournir son travail de la semaine
pour quelques dollars, les transporter tous les deux
ensemble dans votre antichambre, seriez-vous capable — fussiez-vous le plus habile anatomiste —
de les distinguer l'un de l'autre? N'est-il pas clair
que Dieu n'approuve d'aucune manière cette division
en riches et pauvres telle qu'elle existe aujourd'hui;
qu'il n'en est pas l'auteur, et qu'il ne la permet qu'en
tant qu'il a donné à l'homme le libre arbitre de
choisir entre le bien et le mal, d'éviter le ciel s'il
préfère l'enfer? N'est-il pas clair que cette division
des hommes en riches et en pauvres a invariablement
son origine dans la force et la fraude; qu'invariablement elle implique une violation de la loi morale et
qu'elle est en réalité un partage des hommes en
deux classes : ceux qui ont les bénéfices du vol et
ceux qui sont volés; ceux qui détiennent en propriété privée les ressources mises par Dieu à la disposition de tous et les individus ainsi dépouillés de ses
dons? Jésus-Christ dans ses enseignements et ses
paraboles ne nous indique-t-il pas que cette grande
différence entre le riche et le pauvre est contraire
à la loi de Dieu? Aurait-il porté contre le riche une
aussi sévère condamnation, si la distinction de classe
entre le pauvre et le riche n'impliquait une injustice,
n'était contraire à la volonté de Dieu?

Il nous semble que Votre Sainteté se méprend sur
la signification du fait, lorsqu'elle nous enseigne
qu'en se donnant pour père un charpentier et en exerçant lui-même cette profession, J.-C. nous a montré
« qu'il n'y a pas à rougir de demander au travail son
pain de chaque jour. » Parler ainsi c'est presque comme
si on disait qu'en ne spoliant pas le peuple il témoi-

gnait qu'il n'y a pas à rougir de son honnêteté. Considérez combien la classification des hommes en travailleurs, mendiants et voleurs est en un sens supérieur bien plus profondément vraie : vous verrez qu'il était moralement impossible que le Christ, durant son séjour sur la terre, fut autre chose qu'un travailleur; celui qui venait accomplir la loi devant forcément en acte comme en parole obéir à la loi divine du travail.

Comme la vie du Christ sur la terre met bien en lumière cette loi ! Comme nous tous faisant son entrée dans la vie avec la faiblesse de l'enfance, il reçoit avec tendresse ce que la nature veut que la tendresse donne : la subsistance provenant du travail qu'une génération doit à la génération qui la suit. Parvenu à l'âge mûr, il gagne sa vie en travaillant comme la majorité des hommes doivent le faire et le font.

Passant ensuite à un travail d'ordre plus élevé, le travail supérieur à tout autre, il gagne sa vie à enseigner les vérités morales et religieuses, trouvant son salaire dans les dons d'auditeurs reconnaissants et ne refusant pas le nard précieux que Marie répand sur ses pieds. Quand il est question de choisir ses disciples, il ne va point aux propriétaires ou autres privilégiés, mais au commun des hommes de travail. Et quand il les appelle à un travail d'ordre plus élevé, quand il les envoie prêcher les vérités morales et religieuses il leur recommande d'accepter sans dédain comme sans honte le salaire d'amour qui leur sera offert, leur disant que « le travailleur mérite son salaire » et montrant ainsi, comme c'est notre conviction, que tout travail ne consiste pas

dans le travail manuel, mais que quiconque ajoute
à la plénitude de vie matérielle, intellectuelle,
morale ou spirituelle de son semblable est aussi un
travailleur. (1)

Lorsque vous dites que les travailleurs, même la
masse des travailleurs manuels, sont naturellement
pauvres, vous méconnaissez le fait que le travail
crée la richesse; et vous attribuez à la loi naturelle
de Dieu une injustice qui vient de la violation sacrilège par l'homme de ses bienveillantes intentions.
Dans l'enfance des arts il est possible à tous les
hommes, partout où prévaut la justice, de gagner
leur vie. Avec nos inventions merveilleuses il devrait
être possible pour tous de gagner bien plus. Lorsque
vous dites que pauvreté n'est pas crime, vous émettez une proposition qui n'est pas exacte. La pauvreté

---

(1) Il ne faudra pas oublier que le chercheur, le philosophe, l'ins-
tituteur, l'artiste, le poëte, le prêtre, bien que ne participant pas à la
production de la richesse, non-seulement contribuent aux agréments
et aux jouissances que la production de la richesse n'est qu'un moyen
de se procurer, mais qu'en acquérant et en répandant les connaissances, en stimulant l'intelligence, en élevant le sens moral, ils
peuvent grandement accroître la capacité même de produire. L'homme ne vit pas seulement de pain. Celui qui par un travail quelconque de son esprit ou de son corps ajoute à la somme de richesse
disponible, accroît la somme des connaissances humaines, donne à la
vie plus d'élévation et de plénitude, celui-là, au sens large du mot,
est un producteur, un « travailleur » « un homme de travail et gagne
honnêtement un honnête salaire ». Mais celui qui, sans rien faire
pour rendre le genre humain plus riche, plus sage, meilleur, plus
heureux, vit de la peine des autres, celui-là, n'importe le nom par
lequel on le désigne, et quelle que soit la rage des prêtres de Mammon à lui présenter l'encensoir au nez, celui-là, en dernière analyse
n'est qu'un mendiant ou un voleur.

« Protection et Libre Échange » p. 74-75.

devrait être un crime, puisque dans une société où
régnerait la justice elle impliquerait toujours, sauf
le cas de pauvreté volontaire pour motifs religieux
ou de catastrophe fatale, insouciance ou paresse.

La sympathie de Votre Sainteté semble n'aller
qu'aux pauvres, aux travailleurs? Il ne devrait pas
en être ainsi. Les riches, les paresseux ne méritent-
ils pas eux aussi votre pitié? Suivant le mot de l'É-
vangile c'est le riche plus encore que le pauvre qui
a besoin de pitié; selon toute vraissemblance, il ne
participera pas au royaume de Dieu. Et pour quelqu'un qui croit à la vie future, la condition de celui
qui se réveille sans ses millions chéris doit sembler
bien à plaindre. Mais même dans cette vie combien
pitoyable est en réalité la condition du riche! Le mal
n'est pas dans la richesse elle-même, dans sa domination sur la matière; le mal est dans la possession
de la richesse alors que d'autres sont enfoncés dans
la pauvreté; le mal consiste à ne plus avoir de point
de contact avec l'humanité, à ne plus participer à ses
travaux, à ses luttes, à ses espérances et à ses crain-
tes, et par dessus tout à ne plus avoir l'amour qui
rend la vie plus douce, les sympathies bienfaisantes,
la générosité de l'action qui fait croire à l'homme et
donne confiance en Dieu.

Considérez comment le riche voit toujours le pire
côté de la nature humaine : les flatteurs et les syco-
phantes l'entourent; il trouve des instruments tout
prêts non-seulement à satisfaire ses inclinations vi-
cieuses, mais au besoin à les faire naître et à les
stimuler; il lui faut être constamment en garde
contre l'escroquerie; derrière la démarche amicale
ou le mot aimable il lui faut soupçonner le calcul;

s'il s'avise d'être généreux, il est assailli de mendiants cyniques et d'imposteurs jamais pris à court ; et souvent même les affections de famille lui sont mauvaises et on escompte sa mort avec la joie mal dissimulée de l'héritage attendu.

— Le pire malheur de la pauvreté ce n'est pas le besoin matériel, c'est l'étranglement, le misérable avortement des qualités les plus hautes. La possession de la richesse mal acquise, de même, quoique par d'autres voies, conduit au même rabougrissement, au même avortement de ce qu'il y a de plus noble dans l'homme.

On ne peut pas impunément se soustraire aux commandements divins. Si c'est le commandement de Dieu que l'homme doit gagner son pain par le travail, le riche paresseux doit nécessairement pâtir. Et il pâtit. Combien peu remplies ces vies de ceux qui ne vivent que pour leur plaisir ; combien répugnants les vices d'une classe gorgée de richesses au milieu de l'extrême pauvreté ! Et ce terrible châtiment, *l'ennui si étranger au pauvre* qu'il n'en a pas seulement l'idée ; le pessimisme ce travers des classes riches, qui ferme la porte à Dieu, méprise l'homme, juge l'existence un mal et redoutant la mort aspire au néant.

Quand le Christ disait au riche jeune homme en quête de Lui de vendre tout ce qu'il avait et de le donner aux pauvres, ce n'était pas aux pauvres qu'il pensait mais au jeune homme lui-même. Et je ne doute pas que parmi les riches, surtout ceux qui sont devenus riches par eux-mêmes, il n'y en ait beaucoup qui parfois du moins aient la vive sensation de la vanité de leurs richesses et redoutent pour

leurs enfants les dangers et les tentations qui en
découlent. Mais la force de l'habitude, l'aiguillon de
l'orgueil, l'excitation résultant pour eux de quelque
chose qui leur représente comme les jetons d'un jeu
de carte, l'attente de la famille devenue comme un
droit, la réelle difficulté qu'ils trouvent à faire bon
usage de leurs richesses, — les attachent à leur croix
comme le baudet à sa charge jusqu'à ce qu'ils trébu-
chent et tombent au fond du précipice qui termine
la vie.

Les hommes qui sont assurés d'avoir à manger à
leur faim ne mangent qu'autant qu'ils en ont besoin.
Pour les rares tribus éparses aux confins de la
terre habitable il n'y a pas de milieu : la vie est une
famine ou un festin. Restant des jours sans manger,
ils se gorgent par peur de pâtir comme des anacon-
das, lorsque la chasse leur est favorable. Et c'est
ainsi que ce qui fait de la richesse une malédiction
est justement ce qui la fait désirer des hommes, ce
qui la fait tant convoitée et tant admirée : — la peur
du besoin. Comme il n'y a de richesse mal acquise
que parce qu'il existe des pauvres dépouillés, il s'ensuit que ces richesses, qui perdent l'âme du riche,
ne sont qu'un autre face de ce besoin qui abrutit et
et dégrade le pauvre. Le mal réel c'est l'injustice qui
donne naissance tout à la fois à l'excessive richesse
et à l'excessive pauvreté.

Mais cette injustice est difficilement imputable aux
individus et aux classes. L'existence de la propriété
privée de la terre est une grande erreur sociale dont
la société dans son ensemble souffre, dont les riches
et les pauvres sont également victimes, quoique aux
extrêmes opposés.

S'il en est ainsi, il nous semble que c'est manquer à la charité chrétienne que de parler des riches comme s'ils étaient individuellement responsables des souffrances du pauvre. Et cependant, tout en tenant ce langage, vous exprimez l'idée qu'il ne faudra jamais toucher à la cause de cette richesse monstrueuse et de cette dégradante pauvreté. Voici un homme avec une excroissance qui le défigure et qui met sa vie en danger. Un médecin propose pour son bien, en insistant avec une courtoise fermeté, de la lui enlever. Un autre s'y oppose, mais en même temps tient la pauvre victime pour odieuse et ridicule. Qui a raison ?

En cherchant à rendre à tous les hommes l'égalité de droit qu'ils tiennent de la nature, nous ne poursuivons pas l'avantage d'une classe, mais l'avantage de tous. Car tout à la fois nous voyons par les faits et nous savons par la foi, que l'injustice ne profite à personne et que la justice doit profiter à tous.

Nous ne cherchons pas non plus « une futile et ridicule égalité ». Nous reconnaissons avec vous qu'il y aura toujours des différences et des inégalités. Pour autant que ces inégalités et ces différences sont conformes à la loi morale et ne violent pas le commandement « tu ne déroberas pas », nous nous en accomodons. Nous ne prétendons pas améliorer l'œuvre du bon Dieu; nous voulons seulement accomplir sa volonté. L'égalité que nous voudrions instaurer ce n'est pas l'égalité de fortune, c'est un droit égal de tous aux dons de la Nature; l'égalité que la raison et la religion proclament également; le même droit pour tous les enfants de Dieu de jouir des dons de « Notre Père qui est aux cieux ».

Et, en prenant pour l'usage de la société ce grand
fonds manifestement affecté dans le plan divin au
bien commun, nous ne prélèverions pas la plus petite
taxe sur les possesseurs de biens, quelque riches
qu'ils pussent être. Non seulement nous voyons dans
ces taxes une violation du droit de propriété, mais
nous nous rendons compte que par l'effet naturel et
merveilleux des lois économiques établies par le
créateur il est impossible à quelqu'un d'acquérir
honnêtement du bien sans ajouter en même temps à
la richesse du monde.

Persister dans une injustice, refuser d'y mettre fin,
c'est toujours se condamner à en commettre de nouvelles. Ceux qui défendent la propriété privée de la
terre, et nient conséquemment le premier et le plus
important de tous les droits humains, le droit égal
de tous au substrat matériel de la vie, sont réduits à
l'une de ces deux alternatives. Ou bien ils doivent,
à l'exemple de ceux qui ont pour Évangile « que le
diable prenne le dernier », nier le droit égal de tous
à la vie et prétendre par quelque théorie, analogue
à celle à laquelle l'homme d'église anglais Malthus a
donné son nom, que la Nature (ils ne se hasardent
pas à dire Dieu) que la Nature met au monde plus
d'hommes qu'elle ne peut en nourrir. Ou bien ils
doivent, comme le font les Socialistes, ériger en droit
ce qui est en soi-même une injustice. Vous en êtes,
Très-Saint Père, dans Votre Encyclique un excellent
exemple. Méconnaissant le droit égal de tous au
substrat matériel de la vie et pourtant conscient du
droit de tous à vivre, vous affirmez le droit des travailleurs au travail et leur droit à recevoir des
patrons un certain salaire indéterminé. De tels droits

ne sauraient exister. Personne n'a le droit de demander du travail à un autre, ou d'exiger de lui un salaire plus élevé que celui qu'il veut bien volontairement lui offrir, ou de le forcer par tout autre moyen à élever ce salaire contre sa volonté. Moralement on ne pourrait pas mieux justifier de telles exigences des ouvriers vis à vis des patrons, qu'on ne pourrait justifier le droit pour les patrons de forcer les ouvriers à travailler pour eux, même quand ils n'en ont pas besoin, et à accepter des salaires plus bas que ceux qu'ils veulent volontairement accepter.

La justification d'une semblable mesure ne s'explique que par une première injustice, la dénégation aux travailleurs de leurs droits naturels, et ne peut reposer en dernière analyse que sur les exigences de l'instinct de conservation qui rend parfois pardonnables des mesures qui sont en elles-mêmes un vol, un sacrilège, ou même un meurtre.

Un esclave fugitif, sur le point d'être rattrapé par les redoutables chiens de son maître s'empare du premier cheval qu'il trouve sur sa route, dut-il pour cela désarçonner le cavalier : on ne saurait le blâmer au nom de la morale chrétienne. Agir ainsi ce n'est pas défendre comme un acte légitime le vol des chevaux et en faire un moyen normal de voyager.

Une fois que ses disciples avaient faim, le Christ leur permit de ramasser du froment un jour de sabbat. Il n'eut jamais l'idée de nier la sainteté du sabbat et de donner ce jour comme un jour propre en temps ordinaire à faire la récolte du blé.

Ce même Jésus-Christ justifia David d'avoir, pressé par la faim, commis le sacrilège de prendre du temple les pains de proposition. Voulait-il dire par là

que la spoliation des temples était une manière
comme une autre de gagner sa vie ?

Dans votre Encyclique cependant vous recomman-
dez l'application aux relations ordinaires de la vie et
en temps normal de principes que la morale ne
saurait accepter que comme d'extraordinaires expé-
dients. Vous êtes amené à affirmer ces droits qui
n'en sont pas par votre refus d'admettre les droits
véritables. Le droit naturel de chacun ce n'est pas le
droit d'exiger d'un autre homme du travail ou un
salaire, mais celui de s'employer lui-même ; celui
d'appliquer son propre travail à la masse des choses
que le Créateur a mises sur la terre comme une inépuisable réserve pour tous les hommes. Qu'on laisse
l'accès libre à cette réserve de la nature, comme
nous voudrions le faire par l'établissement de notre
unique impôt, et le conflit entre ces deux choses :
l'offre et la demande de travail aura cessé. L'homme
qui vend son travail et l'homme qui l'achète ne feront
qu'échanger en vue d'un mutuel avantage ; et toute
cause de rivalité entre l'ouvrier et le patron aura
disparu. Car alors tous les hommes étant libres de
s'employer eux-mêmes, la simple possibilité de travailler cessera de paraître un don. Personne ne
voulant travailler pour autrui pour un salaire infé-
rieur à ce que, tout considéré, il pourrait gagner en
travaillant pour lui-même, il s'ensuivrait nécessairement que les gages atteindraient leur maximum et
que les relations entre ouvriers et patrons seraient
réglées par leur intérêt et leur convenance mutuelle.

C'est la seule façon de les régler à la satisfaction
de tous.

Votre Sainteté semble admettre qu'il y a un juste

salaire que les patrons devraient être prêts à payer
et dont devraient se contenter les travailleurs; et que
cela fait, ce serait la fin du débat. Ce juste salaire
c'est évidemment dans votre pensée le salaire permettant au travailleur de vivre frugalement et lui
permettant peut-être, à force de travail et de stricte
économie, de mettre quelque peu de côté.

Mais comment fixer ce juste salaire autrement que
le « libre débat du marché » ? Comment établir ce
quelque chose de plus que le juste prix du blé, d'un
cochon, d'un bâtiment ou d'un tableau? Et toute
fixation arbitraire, dans un cas comme dans l'autre,
ne gênerait-elle pas ce libre jeu des forces produc-
tives par lequel se trouve réalisé l'agencement final?
Pourquoi les acheteurs de travail, plutôt que les
acheteurs de n'importe quelle marchandise, seraient-
ils appelés à payer des prix plus élevés que ne le
comporterait le marché libre? Pourquoi les ven-
deurs de travail se contenteraient-ils d'un salaire
moindre que celui qu'ils pourraient obtenir après
libre débat? Pourquoi les travailleurs, alors que le
monde est si riche, se contenteraient-ils d'une vie
frugale? Pourquoi s'estimeraient-ils satisfaits d'une
vie de labeur et de peine, quand le monde est si beau?
Pourquoi n'aspireraient-ils pas à la satisfaction de
leurs instincts les plus hauts, de leurs goûts les plus
nobles? Pourquoi se résigneraient-ils à jamais à
voyager en troisième quand d'autres jouissent du
confort des wagons-lits?

Et ils ne l'entendent pas ainsi. La fermentation
propre à notre époque ne vient pas seulement du fait
que les travailleurs trouvent plus dur de vivre toujours avec le même degré de confort. Elle provient

peut-être et surtout de l'accroissement de leurs
désirs parallèle à une amélioration réelle de leur
condition. Et ce désir croissant ne peut que continuer. Car les travailleurs sont des hommes. Et
l'homme est un animal non satisfait.

L'homme n'est pas un bœuf, dont on puisse dire :
tant d'herbe, tant de grain, tant d'eau, un peu de
sel ; et il sera content. Au contraire, plus il a, plus il
demande. Quand il a de la nourriture en quantité
suffisante, il la veut plus soignée. Quand il a l'abri,
il le lui faut plus commode, plus orné. Quand ses
besoins animaux ont reçu satisfaction, alors ce sont
ses besoins intellectuels et moraux qui réclament.

Ce mécontentement sans fin est le propre de la
nature de l'homme, — de cette nature plus noble qui
l'élève à un degré infini au-dessus des animaux et
qui montre qu'il est bien créé à l'image de Dieu.
Il n'y a pas à s'en prendre à cette disposition d'esprit ;
car elle est le moteur de tout progrès. C'est elle qui
a élevé le dôme de Saint-Pierre et sur une toile
stupide et morte a fait resplendir l'angélique face de
la Madone ; c'est elle qui a pesé le soleil, qui a scruté
les étoiles, qui a déchiffré page par page les œuvres
admirables de l'Intelligence créatrice. Grâce à elle
l'Atlantique n'a plus été qu'une sorte de bac ; l'éclair
a servi à porter nos messages aux confins de la terre ;
c'est elle qui nous a ouvert des perspectives à côté
desquelles ne sont rien toutes les conquêtes de notre
civilisation actuelle. Réprimer cet instinct, c'est
dégrader l'homme et l'abrutir ; c'est réduire l'Europe
à l'Asie.

Il en résulte qu'en dehors du gain que peut assurer
à l'homme la complète liberté du travail et la libre et

égale jouissance pour tous des biens naturels, il est impossible d'établir un taux des salaires qu'on puisse qualifier de juste et qui puisse empêcher les hommes de vouloir quelque chose de plus. Loin donc qu'une petite amélioration dans leur condition force les hommes à se déclarer satisfaits, il est certain que c'est le moyen de les faire plus mécontents encore.

D'autre part, ce n'est pas la justice que vous voulez, lorsque vous démandez aux employeurs de payer à leurs travailleurs plus qu'ils ne sont forcés de le faire, plus que la somme pour laquelle ils trouveraient à faire faire le travail par d'autres. Vous demandez la charité. Car ce surplus que le patron riche donne ainsi ce n'est pas en réalité un salaire, c'est une aumône.

En parlant des mesures pratiques pour l'amélioration des classes laborieuses qu'indique Votre Sainteté, je n'ai pas mentionné celle sur laquelle vous insistez le plus : la charité. Dans ce conseil, il n'y a rien qui ressemble à un remède contre la pauvreté : personne ne voudra l'y voir. S'il était possible en faisant l'aumône d'abolir la pauvreté, il n'y aurait pas de pauvre par la chrétienté.

La charité est une noble et belle vertu, agréable à l'homme et approuvée de Dieu. Mais la charité doit être faite de justice. Elle ne doit pas remplacer la justice.

Ce qu'il y a de mauvais dans la condition des classes travailleuses par tout le monde chrétien, c'est la spoliation du travail. Et lorsqu'on défend la persistance de cette spoliation, c'est à tort qu'on insiste sur la charité. Substituer la charité à la justice, c'est au fond une hérésie semblable aux hérésies condamnées par vos prédécesseurs, d'après lesquelles l'Évangile a remplacé la loi, et l'amour de Dieu déchargé les hommes de toute obligation morale.

Tout ce que la charité peut faire, là où l'injustice existe, c'est ici et là d'en atténuer les effets. Elle ne saurait y remédier. Et le peu qu'elle peut faire pour atténuer ces effets ne va même pas sans son cortége de maux. Les vertus de surcroît, comme on dit, qui sont aussi des vertus secondaires, là où les vertus fondamentales ou primaires font défaut, sont mauvaises. La sobriété est une vertu et l'activité est une vertu. Mais un voleur sobre et actif est le plus dangereux de tous. La patience est une vertu. Mais la patience à supporter le tort est une complicité. De même c'est une vertu de rechercher la science et de chercher à développer ses pouvoirs intellectuels. Mais l'homme mauvais devient plus capable de mal dans la mesure de son développement intellectuel. Les démons, nous nous les représentons toujours comme intelligents.

De même cette pseudo-charité, qui rejette et qui nie la justice, est une charité mauvaise. Elle démoralise ceux qui en sont l'objet; elle outrage cette dignité humaine que « Dieu lui-même, vous le dites, traite avec respect »; elle fait des mendiants et des pauvres d'hommes qui n'ont besoin, pour se suffire à eux-mêmes, pour devenir des citoyens ayant le respect d'eux-mêmes, que d'être remis en possession de ce que Dieu leur a donné. Elle agit d'autre part comme un calmant sur la conscience de ceux qui vivent de la spoliation de leurs frères. Elle nourrit

cet esprit de mensonge, cet orgueil de l'intelligence
que le Christ avait sans doute présent à l'esprit lorsqu'il disait qu'il était plus facile au chameau de passer par le trou d'une aiguille qu'au riche d'entrer
dans le royaume du ciel. Car tout cela laisse l'homme
plongé dans l'injustice ; — employant son argent et son
influence à se faire comme un oreiller pour la moins
sentir ; se persuadant qu'en faisant l'aumône il fait
plus que son devoir vis-à-vis de l'homme et qu'il
s'assure des droits à la considération toute particulière de Dieu ; attribuant enfin vaguement à sa
propre bonté ce qui en réalité est un effet de la bonté
de Dieu. Qui en effet pourvoit à tout? qui, comme
vous le dites, « doit à l'homme un fonds de réserve
inépuisable » ? un fonds de réserve « qu'il ne trouve
que dans l'inépuisable fécondité du sol ». N'est-ce
pas Dieu? Et conséquemment lorsque les hommes
privés des dons de leur Dieu en viennent à dépendre
des dons de leurs frères, ces derniers n'usurpent-ils
pas pour ainsi dire la place de Dieu, se faisant hon-
neur du paiement de dettes qui, de votre propre
aveu, sont celles de Dieu?

Le pire de tout, c'est encore peut être l'extraordi-
naire facilité que cette substitution de vagues injonctions charitables aux nettes exigences de la justice
donne aux professeurs patentés de la religion chrétienne, de toute branche et de toute communion, de
servir Mammon en se persuadant que c'est Dieu
qu'ils servent. Si le clergé anglais n'avait pas subor-
donné l'enseignement de la justice à l'enseignement
de la charité — (pour ne pas prendre plus loin les
exemples d'un fait dont témoigne toute l'histoire du
christianisme depuis Constantin) — la tyrannie des

Tudors ne se serait jamais produite; et on aurait évité le schisme de l'Église. Si le clergé de France n'avait pas substitué la charité à la justice, les monstrueuses iniquités de l'ancien régime n'auraient jamais entraîné les horreurs de la Grande Révolution; et dans ma propre patrie, si ceux qui avaient pour mission de prêcher la justice ne s'étaient pas contentés de prêcher la bonté, l'esclavage n'eut pas exigé l'holocauste de notre guerre civile.

Non, Très-Saint Père. Comme la foi sans les œuvres est une foi morte; comme les hommes ne peuvent pas rendre à Dieu son dû et refuser à leur frère les droits qu'il leur a donnés, la charité sans la justice ne peut rien pour résoudre le problème de la condition présente des classes travailleuses. Les riches « donnassent-ils tous leurs biens pour l'entretien des pauvres et même livrassent-ils leur corps au bûcher », la pauvreté persisterait autant que persisterait la propriété privée de la terre.

Prenons le cas de l'homme riche d'aujourd'hui pris de l'ardent désir de consacrer sa richesse à l'amélioration des classes laborieuses. Que peut-il?

Abandonner ses biens à ceux qui en ont besoin? Il se peut bien qu'il vienne au secours de quelques individus qui le méritent, mais sans améliorer l'état général. Et s'il peut faire quelque bien, il court en retour le danger de faire du mal.

Élever des églises? A l'ombre de l'église la pauvreté fait son œuvre de corruption et le vice, né d'elle, ne fait que croître.

Bâtir des écoles et des collèges? Sauf l'avantage d'amener les hommes à voir l'iniquité de la propriété privée, le développement de l'instruction ne peut

qu'être sans effet pour les simples travailleurs; car
dans la mesure où l'instruction se répand, décrois-
sent les avantages pécuniaires qui y sont attachés.

Batir des hôpitaux? Pourquoi? déjà il semble aux
travailleurs qu'ils sont trop à chercher de l'ouvrage;
et sauver et prolonger la vie c'est accroître la presse
déjà si grande!

Construire des appartements modèles? A moins de
déprécier ces installations confortables il·ne fait que
les rendre plus inaccessibles à la classe qu'il voudrait
en faire bénéficier; et, dans la mesure où il provoque
un avilissement du prix, il provoque un accroissement de la demande de travail et un abaissement de
salaire.

Instituer des laboratoires, des écoles scientifi-
ques, des champs d'expérimentation? Mais il ne fait
que stimuler les forces d'invention et de décou-
verte, ces forces qui agissant dans une société fondée
sur la propriété privée de la terre broient le travail
comme les deux meules d'un moulin.

Provoquer l'émigration des endroits où les salaires
sont bas aux endroits où ils se maintiennent un peu
plus élevés? S'il le fait, ceux-là même qu'il aide à
émigrer viendront bientôt à lui le supplier de mettre
un terme à cette immigration qui a pour effet de
réduire leur salaire!

Abandonner la terre qu'il peut avoir ou refuser
toute rente ou la louer au-dessous de son prix? Il
aboutira à faire quelques propriétaires nouveaux ou
des fermiers partiellement propriétaires; il fera quelques individus plus riches; il ne fera rien pour améliorer la condition générale du travail.

Ou prenant exemple de ces citoyens possédés de

l'amour du bien public, que nous présente l'antiquité
classique, qui consacraient des sommes énormes à
embellir leur ville natale, s'efforcera-t-il d'embellir
sa patrie d'origine ou d'adoption ? — qu'il élargisse
les voies étroites, qu'il rectifie les rues tortueuses,
qu'il crée ou érige des fontaines, qu'il ouvre des
lignes de tramways ou de chemins de fer, qu'il fasse
de quelque manière que ce soit la ville de son choix
plus belle et plus séduisante, quel sera le résultat ?
N'est-ce pas que ceux qui s'approprient les dons de
Dieu s'approprieront les siens aussi ? N'est-ce pas que
la valeur de la terre ira croissant, et que ses bienfaits auront pour résultat net l'accroissement de la
rente et un don fait aux propriétaires du sol ? Quoi !
l'annonce seule de ces embellissements déchaînera la
spéculation et la valeur du sol ira par sauts et par
bonds.

Alors que peut le riche pour améliorer la condition
du travailleur ?

Rien du tout, si ce n'est consacrer ses forces à l'a-
bolition de la grande et fondamentale injustice qui
prive les hommes du droit qu'ils apportent en naissant ? La justice de Dieu se rit des efforts que fait
l'homme pour lui substituer quelque autre chose
qu'elle-même.

Si jusqu'ici en parlant des mesures proposées par
Votre Sainteté je n'ai pas pris note des injonctions
morales que contient l'Encyclique, ce n'est pas que
la moralité ne me semble une chose pratique. Pour
nous au contraire il n'y a rien de plus pratique
que les enseignements de la morale et la question

« où est l'utile » ? est toujours sûrement subordonnée
à la question « où est le bien » ? Mais dans son Encyclique Votre Sainteté s'exprime justement comme si
les vérités morales que vous affirmez ne regardaient
en rien la condition du travailleur. Ainsi le peuple
américain, par la légitimation de l'esclavage, enle-
vait tout son sens pratique à la déclaration qui lui
sert de Charte fondamentale et dont nos pères
avaient la coutume de faire une lecture solennelle
chaque année le jour de la fête nationale. « Nous
tenons, y est-il dit, pour évidentes par elles-mêmes
ces vérités, que tous les hommes sont créés égaux et
ont reçu en dot du créateur certains droits inaliéna-
bles, et au nombre de ces droits : la vie, la liberté et
la poursuite du bonheur ». Que signifiait cette proposition sur les lèvres d'hommes affirmant qu'un
homme était la légitime propriété de celui qui l'avait
acheté, affirmant que l'esclave qui s'enfuit vole son
maître ; que l'homme ou la femme qui aide le fugitif
à s'échapper ou même lui donne au nom du Christ
une coupe d'eau froide se fait complice du crime et
appelle sur sa tête toutes les sévérités de la loi ?

Quant aux enseignements moraux contenus dans
votre encyclique :

Vous nous dites que la nécessité du travail est une
suite du péché originel. Et cependant vous tolérez
un système qui exempte une classe privilégiée de la
nécessité du travail et permet à chacun de ses membres de rejeter sa part et même bien plus que sa part
de travail sur autrui.

Vous dites que Dieu ne nous a pas créés pour les
choses périssables et transitoires de la terre, mais
qu'il nous a donné ce monde comme un lieu d'exil et

non comme notre vraie patrie. Et vous ajoutez que quelques uns d'entre ces exilés ont le droit exclusif de posséder ce lieu de notre commun exil de manière à forcer leurs compagnons à leur acheter le droit d'y séjourner, et qu'avec leur droit exclusif de propriété ils peuvent transférer à d'autres exilés le droit d'exclure à leur tour leurs frères.

Vous déclarez que la vertu est le commun héritage de tous, que tous les hommes sont les enfants de Dieu, notre père commun; que tous nous avons la même fin dernière; que tous nous avons été rachetés par Jésus-Christ; que les bénédictions de la nature et les dons de la grâce appartiennent en commun à tous et que à tous, sauf aux indignes, est promis l'héritage du Royaume du Ciel! Et avec tout cela et malgré tout cela, vous regardez comme un devoir moral de maintenir un système qui fait du réservoir de tous les dons matériels de Dieu et de ses bénédictions aux hommes la propriété exclusive de quelques uns d'entre eux. Vous nous reconnaissez un même droit à posséder le ciel mais vous nous déniez un même droit à posséder la terre.

On disait d'une décision fameuse de la Cour Suprême des États-Unis, rendue juste au moment de l'explosion de la guerre civile dans une espèce relative à un esclave fugitif, qu'elle laissait « la loi au Nord et le nègre au Midi ». On pourrait dire de même que Votre Encyclique laisse l'Évangile aux travailleurs et la terre aux propriétaires. Faut-il vraiment s'étonner qu'il y ait des hommes pour dire en ricanant : « Les prêtres sont assez disposés à donner aux pauvres leur part égale de tout ce qui ne se voit pas, mais ils ont bien soin que les riches gardent fortement main mise sur tout le domaine du visible » ?

Et voilà pourquoi les masses travailleuses par tout le monde s'éloignent des religions organisées.

Pourquoi pas?

Quel est l'office de la religion sinon de marquer les principes qui devraient gouverner la conduite des hommes entre eux; de nous donner la règle de droit claire, décisive, guidant dans toutes les relations de la vie, à l'atelier, au marché, sur la place publique, au Sénat, tout aussi bien qu'à l'église; de fournir comme la boussole grâce à laquelle, sous les coups de passion, au milieu des aberrations de la cupidité, des trompeurs mirages d'un utilitarisme à courte vue, partout, l'homme puisse en toute sûreté se conduire? De quelle utilité une religion qui s'arrête paralysée et hésitante en face des plus graves problèmes? Une religion qui promet tant pour le monde voisin et ne peut rien pour prévenir l'injustice dans celui-ci? Le christianisme primitif n'était pas une religion de la sorte; sans quoi il ne se serait pas heurté aux persécutions romaines; sans quoi il n'eût jamais balayé le monde romain. Les sceptiques dominateurs de Rome, tolérants pour tous les dieux, indifférents à ce qu'ils estimaient des superstitions vulgaires, se montraient extraordinairement sensibles à une doctrine basée sur l'égalité des droits. D'instinct ils redoutaient une religion qui donnait à l'esclave et à la plèbe une espérance nouvelle; qui faisait d'un charpentier crucifié son principal héros; qui enseignait la commune paternité de Dieu et la commune fraternité des hommes; qui attendait le prompt règne de la justice et dont la prière était : « que ton règne vienne sur la terre » !

Aujourd'hui ce sont parmi les masses les mêmes sentiments, les mêmes aspirations. L'homme est, on l'a dit, un animal religieux, et ne peut jamais s'affranchir tout à fait du sentiment qu'il existe quelque gouvernement moral du monde, quelque éternelle distinction du bien et du mal. Jamais il ne peut absolument s'interdire l'élan vers un règne de la justice. Et aujourd'hui les hommes qui s'imaginent avoir rejeté bien loin toute foi religieuse vous diront sur cette question de la condition du travail, sans savoir au juste ce qu'il en est : « *quelque chose ne va pas !* » Si la théologie est, comme le prétend St-Thomas d'Aquin, l'ensemble et le noyau même des sciences n'est-ce pas affaire à la religion de dire clairement et sans crainte ce qui ne *va pas ?* Autrefois l'impulsion profonde de leur cœur portait les hommes, menacés d'un grand désastre, à venir pleins d'angoisses demander aux oracles : « en quoi avons-nous offensé les Dieux » ? Aujourd'hui sous la menace des maux qui mettent en péril l'existence même de la société, les hommes conscients que *quelque chose ne va pas* adressent la même question aux ministres de la religion. Quelle réponse en obtiennent-ils ? Hélas, à peu d'exceptions près, cette réponse est aussi vague, aussi inexacte que les réponses qu'avaient coutume de faire les oracles payens.

Est-il étonnant que le grand nombre parmi les hommes perde la foi ?

Précisons de nouveau le cas tel que le présente Votre Encyclique.

Qu'est-ce que cette condition des classes travailleuses qui est, comme vous le dites avec raison, « la question du moment » et remplit toute intelligence d'une pénible appréhension » ? Réduite à sa plus simple expression, c'est la pauvreté des hommes prêts à travailler. Qu'est-ce à dire ? ceci : ces hommes manquent de pain, — de pain ; par ce seul mot nous exprimons de la manière la plus concise et la plus forte toutes les satisfactions matérielles multiples indispensables à la vie de l'humanité, dont l'absence constitue la pauvreté.

Et quelle est la prière de la chrétienté, — la prière universelle ; la prière que l'on répète tous les jours et à toute heure, partout où le nom du Christ est honoré, qui s'échappe des lèvres de Votre Sainteté au haut autel de Saint-Pierre, et que répète le tout petit enfant que la mère chrétienne la plus pauvre apprend à bégayer une requête à son père céleste qui est dans les cieux ? Cette prière c'est celle-ci : « Donnez-nous aujourd'hui notre pain quotidien ! »

Cependant là même où se profère cette prière, tous les jours et à toute heure, les hommes manquent de pain. N'est-ce pas l'affaire de la religion de dire pourquoi ? Si elle ne peut pas, les railleurs ne se moqueront-ils pas de ses ministres comme Élie se moquait des prophètes de Baal, disant : « Criez à plus haute voix, puisqu'il est Dieu ; il pense à quelque chose, ou il est occupé, ou il est en voyage ; peut-être qu'il dort et il se réveillera ». Quelle réponse feront ces ministres ? Ou qu'il n'y a pas de Dieu, ou qu'il dort ou encore qu'il ne donne pas aux hommes leur pain quotidien ou que ce pain est de quelque façon intercepté.

La réponse à faire, la seule et vraie réponse, la voici : Si les hommes manquent de pain, ce n'est pas que Dieu manque à son devoir d'en pourvoir les hommes. Si des hommes ne demandant qu'à travailler subissent la malédiction de la pauvreté, ce n'est pas que le fonds de réserve que Dieu doit à l'homme ait jamais manqué, qu'il n'y ait pas abondance de tout ce que Dieu a promis de fournir chaque jour à ses enfants pour leurs besoins de chaque jour. La raison en est que, faisant une violence impie aux bienveillantes intentions de leur Créateur, les hommes ont fait la terre propriété privée et ont ainsi donné en toute propriété à un petit nombre les réserves qu'un Père plein de bonté avait amassées pour tous.

Tout autre réponse, quelle que soit la forme religieuse qu'elle revête, est pratiquement une réponse d'athée.

Voici ma lettre, écrite non seulement pour Votre Sainteté mais pour tous ceux auxquels je puis espérer qu'elle parvienne. En Vous l'adressant à Vous personnellement et avant toute publication, j'ai cru par là pouvoir obtenir qu'elle fût par Vous personnellement lue et méditée. J'ai précisé les raisons de ma croyance; j'ai marqué les points qu'il me semble que Vous avez assez malheureusement négligés. En ce faisant, j'ai écrit en toute franchise, comme c'était mon devoir de le faire sur une matière de si grande importance et comme je suis sûr que Vous m'eussiez écrit. J'ai confiance qu'en rien je ne Vous ai offensé. Pour Votre fonction j'ai le plus profond respect, pour

Vous personnellement la plus haute estime. Si quel-
ques-unes de Vos opinions, que j'ai combattues, me
semblent dangereuses, je ne voudrais pas qu'on crût
que j'ai pu mettre en doute, à un degré quelconque,
Votre intelligence ou la sincérité que Vous mettez
à les admettre. Ce sont des opinions universellement
partagées par les maîtres officiellement reconnus de
la chrétienté, de toute communion et de toute
croyance, et qui ont reçu la sanction de ceux qu'on
considère comme les sages et les savants. Dans ces
conditions, et avec tant de hauts devoirs et de graves
responsabilités attachées au poste élevé que Vous
occupez, on ne saurait espérer que vous ayez jusqu'ici songé à mettre en question ces manières de
voir. J'ai confiance que les considérations ici indi-
quées vous amèneront à le faire; et si les soucis et
les charges dont Vous êtes assiégé vous rendaient
impossible ce minutieux examen qui s'impose avant
toute démarche à un homme occupant Votre situation et ayant Votre responsabilité, j'ai confiance que
ce que je viens d'écrire peut ne pas être sans profit
pour les autres.

Je Vous l'ai dit, nous Vous sommes profondément
reconnaissants de Votre Encyclique. C'est beaucoup
qu'en appelant, comme vous l'avez fait, l'attention
sur la condition des classes ouvrières, vous ayez
remis en lumière cette vérité méconnue d'un si
grand nombre, que les maux de la société et les problèmes de notre temps touchent directement et fortement l'Église. C'est beaucoup que Vous ayez mis
le sceau de Votre désapprobation sur cette doctrine
impie, pendant si longtemps et partout directement
ou implicitement prêchée au nom du christianisme,

que les souffrances du pauvre sont dues à de mysté-
rieux décrets de la Providence que les hommes peuvent déplorer mais auxquels ils ne peuvent rien.
Votre Encyclique paraîtra à ceux, qui l'analyseront
avec soin, dirigée non contre le Socialisme que Vous
favorisez sous sa forme modérée mais contre ce que
nous appelons ici, aux États-Unis, la doctrine de
l'impôt unique. Mais nous n'avons aucune inquiétude
pour la vérité, à condition toutefois qu'on veuille
discuter; et nous voyons dans Votre Encyclique
un moyen particulièrement efficace pour provoquer la discussion et la provoquer de la façon
que nous jugeons la bonne, d'après les données
de la morale et de la religion. En ceci vous méritez
la gratitude de tous ceux qui sont prêts à suivre la
vérité. C'est la nature de la vérité de l'emporter toujours sur l'erreur partout où il y a place pour la discussion.

La doctrine que nous soutenons a maintenant fait
de tels progrès dans l'esprit des hommes qu'elle se
fait entendre quand même, qu'elle ne peut-être étran-
glée; qu'il lui faut aller de l'avant et continuer ses
conquêtes. Tout à fait en tête l'Australie qui mène la
marche et qui a déjà fait les premiers pas pour l'établissement de l'impôt unique. Dans la Grande-Bretagne, aux États-Unis, au Canada la question est au
moment d'entrer dans le domaine de la politique pratique, et sera bientôt une question d'actualité brûlante. L'Europe continentale ne peut pas longtemps
rester retardataire. Le monde change plus vite que
jamais.

Il y a quarante ans l'esclavage semblait aux États-
Unis plus fort que jamais, et le prix marchand de

l'esclave travailleur manuel ou de l'esclave cultivé — était plus élevé que jamais, tant le titre du propriétaire semblait plus sûr qu'autrefois. Dans l'enceinte de cette même salle, où l'on avait solennellement proclamé l'égalité des hommes, les fugitifs garrottés étaient de nouveau rivés à la servitude ; et sur le lieu même qui était pour nous le Marathon de la liberté le maître d'esclaves épelait orgueilleusement la liste de son bétail.

Il y a quarante ans, alors que n'était pas encore formé le parti qui devait porter Abraham Lincoln à la présidence, sept ans avant que le canon fît entendre sa voix, l'esclavage, comme nous pouvons le voir maintenant, était pourtant condamné.

De nos jours couve une révolution bien autrement large, profonde, bien autrement riche en bienfaits, une révolution qui couvrira non un seul pays mais le monde entier. C'est la vérité de Dieu qui y pousse ; et les forces qui la font sont les plus puissantes de toutes celles qu'il a jamais mises à la disposition de l'homme. Il n'est pas plus au pouvoir de l'injustice séculaire de l'arrêter qu'il n'est au pouvoir de l'homme d'arrêter le soleil. De leurs sentiers les étoiles combattent contre Sisera ; et dans la fermentation d'aujourd'hui, pour quiconque à des oreilles pour entendre, la condamnation de l'esclavage industriel est prononcée.

Où seront dans les combats futurs, que dis-je ? dans le combat présent les dignitaires de l'Église ?

Du côté de la justice et de la liberté ou du côté de l'injustice et de la servitude ? Avec les multitudes affranchies, quand viendra le jour du triomphe, quand les tambourins résonneront de nouveau fêtant la délivrance, ou avec les charriots et les cavaliers une fois de plus engloutis dans la mer?

Quant aux masses, je ne suis pas inquiet de savoir où elles seront. Déjà, parmi ses partisans les plus religieusement dévoués, la doctrine de l'impôt unique compte un grand nombre de catholiques, des prêtres, séculiers et réguliers, tout au moins quelques évêques. Quant aux nombreuses communions, entre lesquelles se partagent les chrétiens de langue anglaise, il n'en est pas une qui ne compte actuellement dans son sein quelque défenseur convaincu de la doctrine.

Dimanche passé, au soir, dans l'Église de New-York, l'église de toutes les églises du monde la plus richement dotée, je voyais un groupe de cent chanteurs promenant la croix autour des bas côtés, et j'entendais un prêtre de cette branche anglaise de l'église, depuis trois cents ans hors de votre obédience, déclarer à une grande congrégation que la question du travail était au fond une question religieuse; qu'on ne pouvait lui trouver d'autre assiette que celle du droit moral; que le premier et le plus clair de tous les droits est le droit égal de tous à l'utilisation de ce qui est la base physique de toute existence; et que ce don fait par Dieu de la terre à tous les hommes ne pouvait être annulé par aucun titre humain.

La croix avança de nouveau et les chanteurs reprirent :

« Poussez le cri de guerre du chrétien —
La croix de Jésus-Christ notre Seigneur » !

Les hommes, pour qui c'était chose nouvelle, incli-
nèrent la tête; et des cœurs longtemps fermés à
l'Église, servante empressée de l'oppression séculaire, jaillit le « Dieu le veut » de la plus grande, de
la plus puissante de toutes les croisades.

Serviteur des Serviteurs de Dieu! Je vous appelle
de votre nom le plus doux et le plus auguste. Vous
avez en vous plus que tout autre vivant le pouvoir
de dire le mot, le pouvoir de faire le signe qui mettra
fin à un divorce contre nature, qui consommera de
nouveau l'union de la religion et de tout ce qu'il y a
de pur et de haut en fait d'aspirations sociales.

Je souhaite à Votre Sainteté la plus grande de
toutes les bénédictions, celle que vous puissiez con-
naître la vérité et que la vérité vous affranchisse.
Je vous souhaite les jours et la force nécessaires
pour rendre à l'humanité les grands services qu'elle
attend de vous, pour faire Votre Pontificat glorieux
entre tous, dans les temps à venir; et professant le
plus profond respect pour Votre personne et l'auguste fonction dont vous êtes investi,

Je suis bien sincérement Votre

HENRY GEORGE.

New-York, 11 Septembre 1891.

Le traducteur

G. Raloz

www.ingramcontent.com/pod-product-compliance
Lightning Source LLC
Chambersburg PA
CBHW07075729O326
41931CB00011BA/2048